Constant von Wurzbach

Franz Grillparzer

Constant von Wurzbach

Franz Grillparzer

ISBN/EAN: 9783744631167

Hergestellt in Europa, USA, Kanada, Australien, Japan

Cover: Foto ©ninafisch / pixelio.de

Weitere Bücher finden Sie auf **www.hansebooks.com**

Franz Grillparzer.

Oesterreichs Stolz und Erquickung.“
Heinrich Laube.

Von

Dr. Constant von Wurzbach.

WIEN, 1871.

Verlag der Ed. Hügel'schen Buchhandlung.

Jemand theilte die Bevölkerung einer grossen Stadt in drei Klassen; die erste besteht aus Leuten, die ihre Halsbinde an der rechten Stelle tragen, die zweite aus Menschen, die das Herz auf dem rechten Flecke haben, und die dritte aus Wesen, die weder Halsbinde noch Herz haben. Diese Eintheilung lässt viel oder wenig zu wünschen übrig, jedenfalls ist sie präzis und wahr; unser Dichter, dessen Leben wir heute erzählen wollen, gehört in die zweite Klasse, nämlich zu den Menschen, die das Herz auf dem rechten Flecke haben. Dass man doch dies von allen Poeten sagen könnte! Wenn nicht von allen, so doch von allen grossen Poeten gilt dieser Satz. Und Grillparzer ist ein grosser Poet. Grosse Dichter sind grosse Seelen und diesen ziehen die Schmerzen nach wie den Gebirgen die Gewitter, aber an ihnen brechen sich auch die Wetter, und sie werden die Wetterscheide der Ebene unter ihnen. Die Dichtungen eines Tasso, Camoens, Milton, Schiller sind zum Theile Schmerzensklänge, welche ihnen im Kampfe mit dem Geschicke entfuhren. Sollte man nicht ein Gleiches von Grillparzer's Dichtungen sagen können? Weiss Grillparzer auch von keinem Kampfe mit dem Geschicke zu erzählen, einen Kampf mit seinem Innern, und welchen hat er bestanden! Schmerz ist der Vater, Liebe die Mutter seiner Poesien. Man muss ja nicht immer die

1*

Wunden bluten und die Augen feucht sehen. Das ist oft das grösste Weh, wenn das Auge keine Thränen finden kann. An grossen Seelen gehen die Erbärmlichkeiten der Alltagswelt so gut wie spurlos vorüber. Neider und Uebelwollende, welche Anderen durch die üble Nachrede zu schaden trachten, hat es immer gegeben. Solche Armseligkeiten reichen bei grossen Seelen nicht aus, ihnen das Leben zu verbittern. Wird auch für den Augenblick die Empfindsamkeit gereizt, so war es nur für den Augenblick, dann nimmt die Sache wieder ihren Verlauf, und in kurzer Zeit ist Alles wieder im Geleise, als wäre nichts geschehen. Aber es gibt tiefere Leiden als jene, welche uns die Laune der schalen Alltagswelt zuzufügen vermag; wer diese Leiden kennen lernen will, wird sie, in unsterbliche Gedanken gefasst, in den Schöpfungen der grossen Poeten finden.

Der Lebenslauf solcher Menschen, deren Leben zu beschreiben entweder interessant oder eine Pflicht ist, bietet drei Hauptmomente dar; nämlich das äussere Leben, des Menschen Werden, Wachsen, seine Stellung in der bürgerlichen Gesellschaft u. d. m.; das innere Leben, des Menschen Denken, sein geistiges Schaffen und die Gesammtheit des inneren und äusseren Lebens in ihrem Verhältniss zur Menschheit, oder des Menschen Bedeutung für die Zukunft. Etwas Einfacheres als Grillparzer's äusseres Leben dürften wenige Koryphäen der Literatur aufzuweisen haben. Franz, geboren zu Wien am 15. Jänner 1791, ist der Sohn eines geachteten Advokaten in Wien, dem wohl das von einem W. Grillparzer herausgegebene Schriftchen: „Von der Appellation an den römischen Stuhl" (Wien 1785) zuzuschreiben sein dürfte. Woher Grillparzer's Familie stamme? ob aus Ober- oder Niederösterreich, mit dieser Frage hat man sich, nachdem er berühmt geworden, gern beschäftigt. Holtei, wenn ich nicht irre, war der Erste, der über den Namen grü-

belte und sich bei dem Dichter selbst Aufklärung holte.,,Parz'',
hergeleitet von Parzelle, heisst bei den Landleuten im Erzherzog-
thum so viel als ein Grundstück, ein abgetheiltes Feld; so sagt
man Mühlparz, Dorfparz, Bergparz u. s. w. Ein Ahnherr
unseres Grillparzer besass wohl ein Häuschen mit einer
Wiese, die von Grillen wimmelte und daher ,,der Grillen-
parz'', und der Eigenthümer Grillparzer hiess. Da meint
denn Holtei, einen passenderen Namen hätte Franz kaum
erhalten können, da er ja häufig in seiner Ecke sitze und
,,Grillen fange'', während ihm auf seiner Wiese in sma-
ragdnem Grün, von silberreinen Bächen durchflossen, der
duftigste Frühling erblühe. Kaum war das philologische
Gebiet in den Nachforschungen über des Namens Ursprung
betreten worden, war schon die Geschichtsforschung auch da
und nun wurde in Anton Ritter von Spaun's Werk über
Heinrich von Ofterdingen Seite 34 ein Dorf Grillparz
entdeckt, dessen schon in den Urkunden des 12. Jahrhunderts Erwähnung geschieht, und ein Zweiter, Namens
Archieophilos, vindicirte das Geschlecht der Grillparzer
wieder seinem wahren Stammlande, nachweisend, dass
im alten Wiener Gerichtsbuche Tom. II. p. 154 und
Tom. III. p. 115 Grillenparzer zu Soss und Pellendorf sich
vorfinden, denen zufolge die Familie der Grillparzer als eine
kernösterreichische Familie bereits im fünfzehnten Jahrhundert in der Umgegend Wiens sesshaft sich gestaltet. Ei
was, ob aus dem fünfzehnten oder neunzehnten Jahrhundert,
das ist wohl einerlei, wenn man Grillparzer ist. Mit den
Jahrhunderten, die sein Name in der Zukunft leben wird,
wird er den Mangel genealogischer Daten für die Vergangenheit ausgleichen. Der Adel wahrer Poeten unterscheidet
sich nur insofern vom Geburtsadel, dass dieser nach der
Vergangenheit, jener nach der Zukunft seine Jahre zählt.
Nicht etwa dass ich den Geburtsadel desswegen gering-

schätzte; wenn alle Vorzüge, Gesundheit, Schönheit, Jugend, Reichthum, Verstand, Talente gelten sollen, warum soll nicht auch der Vorzug, dass man einer Reihe tapferer, bekannter, ehrenvoller Männer entsprungen ist, irgend eine Art Giltigkeit haben? Aber wenn man Grillparzer ist, so ist jeder andere Vorzug überflüssig; und erscheint auch Grillparzer's Name nicht in den Turnierbüchern und in den Listen der Carrousseltänzer auf prinzlichen Hochzeiten und Freudefesten, so hat doch kein Name eines Hochtory den Ausspruch aufzuweisen, den Lord Byron von Grillparzer's Namen gethan: „die Aussprache dieses Namens sei schwierig, doch werde die Nachwelt sich daran gewöhnen müssen."

Im Elternhause erhielt Grillparzer eine gediegene Erziehung; wie seine Kindheit dahin ging, ist wenig bekannt geworden; nur das Eine erzählte er, als von seinem Geburtshause die Rede war, dass dasselbe lange Gänge und unheimliche Hallen, die sich aus dem Hause, welches seine Eltern bewohnten, in das nachbarliche hinzogen, besessen habe. Das Haus selbst, auf dem Bauernmarkte, neben dem sogenannten „silbernen Hüttel" gelegen, ist noch ein unangetastet Stück Alt-Wien. Bietet die Vorderfronte dem Zeichner eben nichts Besonderes dar, um so merkwürdiger ist die eigenthümlich verbaute Rückseite, die überdies in eine so schmale Sackgasse hinausschaut, dass es für den Zeichner geradezu unmöglich wird, einen Standpunkt zu dessen Aufnahme zu gewinnen. In diesem Hause konnte wohl die Ahnfrau entstanden, oder wenigstens der Keim zu dieser Dichtung gelegt worden sein, denn von dieser seiner Aussenseite auf das Innere zu schliessen, enthielt es jene lokalen Elemente, die in der Ahnfrau eine nicht unwesentliche Rolle spielen. Die Rechtsstudien hatte Grillparzer im Alter von 20 Jahren — 1811 — beendet, zwei Jahre später, 1813, trat er bei der k. k. allgemeinen Hofkammer in Staatsdienste, 1824 wurde er Hofkonzipist, 1833 Archivsdirektor der Hofkammer (nunmehr Finanzministerium); 23 Jahre bekleidete er diesen Posten, bis er 1856 um seine Versetzung in den Ruhestand bat, der ihm mit der Verleihung des Hofrathstitels auch wurde. Eben ermunternd ist diese Laufbahn nicht. Erst eine 43jährige Dienstzeit gewährte ihm einen schalen Titel. Wieland sagt in seinem Oberon:

> Gott, seinem Kaiser und dem Vaterlande treu,
> Dem müssen alle Geister dienen.

Dass dem nicht so ist, hat Grillparzer erfahren; übrigens zu Wieland's Entschuldigung sei bemerkt, dass Grillparzer damals, als Wieland sein herrliches Gedicht schrieb, noch nicht geboren war. Mit diesen wenigen Daten schliesst sich das amtliche Leben unseres grossen Dichters ab.

Als Arabesken, welche dieses simple Bild einfassen, ist Manches zu verzeichnen. Im Jahre 1818 eine Reise nach Gastein, welches er in seinem „Abschied von Gastein", einem seit dieser Zeit unzählige Male nachgedruckten Gedichte, verherrlicht hat. Die wenigen Strophen sind zu herrlicher Poesie krystallisirter Schmerz. Im folgenden Jahre eine Reise nach Italien. Auf derselben besuchte er die heilige Stadt, welchem Besuche die Dichtung die Apostrophe an die Ruinen des „Campo Vaccino" verdankt, berühmt durch die Kühnheit des Gedankenfluges, der den österreichischen Beamten in zu hohe poetische Regionen hob; denn als ihn die ermatteten Schwingen wieder erdwärts trugen, fühlte er nur zu sehr die Berührung mit der irdischen Wirklichkeit, an der er Zeitlebens litt. Man leitet nämlich von diesem Gedichte mancherlei Unannehmlichkeiten und Zurücksetzungen ab, die den Dichter endlich so sehr verdrossen, dass man im Auslande sich veranlasst fand, ihn in die Reihe derjenigen Geister zu stellen, welche in Oesterreich durch den Gedankendruck ihrer Heimath verkümmerten. Welches Bewandtniss es aber mit dieser sogenannten Verkümmerung habe, hat Grillparzer bewiesen, da er in der Zeit von 1819 bis 1838 eine Reihe von Dramen schuf, wie deren bessere das ganze vom Gedankendrucke ungebeugte Deutschland von 1818 bis auf die Gegenwart nicht aufzuweisen hat. — Im Jahre 1843 kam er auf einer Reise nach dem Orient nicht weiter als nach Athen. Laube schrieb damals in der „Zeitung für die elegante Welt" Folgendes: „Grillparzer hat viel Unglück! Endlich kommt er auf den klassischen Boden seiner Sappho, er steigt im Piraeus ans Land, er sieht die attische Ebene vor sich aufsteigen; sein Auge fliegt voraus: er wird Korinth, er wird den Leukadischen Felsen, er wird was weiss ich Alles sehen, was gut und theuer aus unserer Schulzeit! Ach nein, er muss sich im österreichischen Gesandtschaftshause verbergen, weil er ein Deutscher ist, und weil die Griechen in bester Furie sind gegen die armen Deutschen. Der Dichter der Sappho muss, als er sich ein wenig auswagt, im Geleit eines Gesandtschaftsbeamten sein, er muss italienisch sprechen, um seine Herkunft nicht zu verrathen, er muss endlich von dannen, ohne über die dürre athenische Umgebung hinausgekommen zu sein. Grillparzer mag sich mit uns trösten: das ist deutsches Unglück und seine Landsleute haben aus lauter Weltweisheit sich viel mehr mit der Constitutionsfrage dieser rohen Griechen, als mit der empörenden Verfolgung beschäftigt, welche die armen Baiern erlitten haben. Gewiss soll uns die Schmach, welche man den Deutschen in Athen angethan, gewiss soll uns diese Undankbarkeit und Rohheit der Griechen (Fallmereier wird jetzt wohl zu Ehren kommen!) nicht der einzige Gesichtspunkt für die griechische Sache werden; aber diesen Gesichtspunkt solchergestalt in den Hintergrund geschoben zu sehen, das ist ein klägliches Zeichen einer Nationalität. Erst soll man seinen Bruder schützen, ehe man an Weiteres denkt. . . . Dies Eine zeigt sich überall: wir beweisen fortwährend im Auslande, dass wir uns selbst nicht zu achten, weil wir unsere Landsleute nicht zu schützen wissen." Zu diesen zeitgemässen Bemerkungen Laube's, dessen Bewunderung Grillparzer's — nebenbei sei es gesagt — nicht erst aus der Epoche des Direktoriums der Hofbühne, sondern aus einer viel früheren Zeit datirt, fügen wir noch die Frage hinzu: Ob wohl Grillparzer die Sappho gedichtet hätte, wenn er das heutige Griechenland schon zu jener Zeit gekannt hätte, aus welcher die Dichtung stammt?

Am 14. Mai 1847 erscheint Grillparzer's Name unter den ersten Vierzig, denen durch kaiserliche Wahl die Ehre eines Sitzes in der Akademie der Wissenschaften zu Theil wurde. Seit den dreiundzwanzig Jahren, welche seither verflossen, hat der Dichter, die öffentlichen Sitzungen ausgenommen, die Versammlungen dieser gelehrten Herren nicht besucht. Er ist kein theoretischer Belletrist, kein Kritiker vom Fache. Er besitzt aber das feinste und richtigste kritische Gefühl für sich. Grillparzer hat also dieser gelehrten Körperschaft nur durch den Glanz seines Namens Licht gegeben. Wahrhaftig, und wenn statt der Vierzig nur Dreissig, oder gar nur Zwanzig, ja, wir stehen es nicht an zu sagen, nur Zehn wären berufen worden, sein Name hätte unter ihnen nicht fehlen dürfen.

Im Jahre 1848 nahm sich Grillparzer — damals 56 Jahre alt — nun einmal die „Freiheit frei zu sein", um sich der Worte seines Sangsgenossen Anastasius Grün zu bedienen; er schrieb das Gedicht an Radetzky:

> Glück auf, mein Oesterreich, führe den Streich,
> Nicht bloss um des Nachruhms Schimmer;
> In deinem Lager ist Oesterreich,
> Wir Andere sind einzelne Trümmer u. s. w.

Dieses Gedicht rief eine wahre Sturmflut von Verketzerungen hervor. Grillparzer ist unter die Volksunterdrücker gegangen, hiess es: er ist der Dichter der Schwarzgelben, riefen Andere, und in diesem Tone ging es fort. Schiller schrieb auch in Wallenstein's Lager:

> Soldaten lieb' ich, das ist wahr,
>   Wie sollt' ich sie nicht lieben?
> Da sie in jeglicher Gefahr
>   Sich immer treu geblieben.

Wenn Schiller 1848 noch gelebt und obige Zeilen geschrieben hätte, ob man ihm im Jahre 1959 in Wien einen Fackelzug brächte? Wir werden die Antwort auf diese Frage bereits im Jahre 1891 erhalten, weil wir in demselben die Säcularfeier von Grillparzer's Geburt begehen. Grillparzer gab in obigen an die Armee und ihren Heldenführer gerichteten Worten nur den Gefühlen der wahren österreichischen Patrioten, die ein grosses Oesterreich und keine „historisch-politischen Individualitäten" wollen, Ausdruck:

> Die Gott als Slav' und Magyaren schuf,
> Sie streiten um Worte nicht hämisch,
> Sie folgen, ob deutsch auch der Feldherrnruf,
> Denn „Vorwärts" ist ung'risch und böhmisch.

> Gemeinsame Hilf' in gemeinsamer Noth
> Hat Reiche und Staaten gegründet,
> Der Mensch ist ein Einsamer nur im Tod,
> Doch Leben und Streben verbündet.

> Wär' uns ein Beispiel dein ruhmvoller Krieg,
> Wir reichten uns freudig die Hände!
> Im Anschluss von Allen lieget der Sieg,
> Im Glück eines Jeden das Ende. —

Es ist, als ob diese begeisterten Worte eben erst gedichtet worden wären, so passen sie auf die Gegenwart.
Und das ist eben der Reiz einer echten Dichtung, sie bleibt
wenngleich Gedicht, wahr für alle Zeiten.

Im Jahre 1849 wurde die Brust unseres Dichters durch
die Huld seines Monarchen mit dem Leopoldorden geschmückt. Diese Auszeichnung ist in einer künftigen Geschichte der österreichischen Poesie insofern bemerkenswerth, weil sie die erste dieser Art ist, welche einem österreichischen Dichter eben als solchem zu Theil wurde. Ausser
dieser Auszeichnung sind noch einige andere zu erwähnen,
weil sie den Antheil beweisen, den die Zeitgenossen an
unserem Poeten nahmen. Sein fünfzigster Geburtstag (1841)
wurde durch eine zur Feier dieses Tages geprägte Medaille
verherrlicht. Die von J. Schön geprägte Denkmünze zeigt
auf einer Seite sein wohlgetroffenes Brustbild mit Angabe
seines Geburtsortes, Jahres und Tages. Auf der Rückseite
erblickt man eine von einem Lorbeerkranze umwundene
Harfe mit der Inschrift: ,,Von seinen Verehrern zur Feier
des 15. Jänner 1841.'' Eine sinnige Nachfeier fand drei
Jahre später, am 15. Jänner 1844 statt, und wurde in einem
Kreise edler Wiener Dichter begangen. Sechzehn Jahre
später feierte die Künstlergesellschaft der ,,Ritter von der
grünen Insel'' sein Geburtsfest in erhebender Weise.

Die Feier fand am 15. Jänner 1860 statt und wurde
durch des Dichters Gegenwart verherrlicht. Man wundere
sich nicht, wenn wir dieser Feste hier besonders gedenken;
sie sind aber bemerkenswerth, da des Dichters zurückge-
zogenes Leben jede ihm zu Ehren gebrachte Feier von vorn-
hinein in Frage stellte. Da er aber bei den genannten Festen
persönlich zugegen war, so bildet dieser Umstand thatsäch-
lich jedesmal einen bemerkenswerthen Lebensmoment.
Grillparzer geht nirgends hin, wo er nicht mit ganzer Seele

sein kann. Wir sehen, solche Augenblicke in dieses Dichters Leben sind spärlich gezählt. Sind sie aber da, so dürfen sie nicht verschwiegen werden, sie gehören zur Geschichte seines Lebens. Noch wurden ihm mehrere Huldigungen seltener Art: die eine, wenn wir nicht irren, im Jahre 1850.

Eines Tages im genannten Jahre erhielt der edle Dichter durch einen Hofdiener ein Gedicht zugestellt. Dasselbe zählte vier begeisterte Strophen an den Dichter. Grillparzer war nicht wenig erstaunt, als er den Namen des Verfassers las. Es war Erzherzog Ferdinand Max, des Kaisers jüngerer Bruder, und als der edle Prinz später selbst den kaiserlichen Thron von Mexiko bestieg — o dass es doch nie geschehen wäre! — war der Dichter einer der Ersten, den er mit dem Grosskreuz des von ihm gestifteten Ordens schmückte. — Früher schon hatte der König Max von Baiern, als er für Dichter und Denker den Maximilian-Orden gestiftet, Grillparzer zum Ritter desselben ernannt, welche Auszeichnung vor ihm keinem österreichischen Dichter zu Theil geworden. Als die Jubelpromotion an der Leipziger Hochschule am 14. November 1859 stattfand, befand sich auch Grillparzer unter den Ehrendoctoren. Und bei den „Laudes“ hiess es von ihm· „Qui ex epigonis praestantissimorum aureae literarum nostrarum aetatis poëtarum scenicorum vestigiis ingredientibus facile primas tulit, de quo sperare licet fore, ut aequalibus rectius aliquando existiment olim posteri.“ Dem Staatsminister Schmerling gebührt das Verdienst, wenn er auch von dem damals 71jährigen Dichter eine eigentlich politische Thätigkeit nicht mehr erwarten durfte, doch das Herrenhaus des österreich. Reichsrathes mit einem Namen erster Grösse geschmückt zu haben, denn mit kais. Handschreiben vom 18. April 1861 erfolgte die Ernennung des Dichters zum lebenslänglichen Reichsrath. Nach solcher Ehre konnte endlich seine Vaterstadt länger nicht

zurückbleiben und votirte ihm im Jahre 1864 zu seinem
74. Geburtstage einstimmig das Ehrenbürgerrecht der Stadt
Wien, das ihm durch eine Deputation des Gemeinderathes in
prachtvollster Ausstattung überreicht wurde.

Im Vorstehenden wäre wohl das Wesentlichste aus des
Dichters äusserem Leben zusammengefasst. Die Momente
desselben sind, wie wir gesehen, weder reich noch besonders mannigfaltig. Zurückgezogen und in sein Ich versenkt,
lebte Grillparzer der Poesie und in ihr fand er Trost für
manche Enttäuschung, Balsam für manche Wunde, die ihm
die Laune des Geschickes schlug, die aber glücklicherweise
nur Wunde blieb und nie in ein eigentliches Leiden ausartete. Dass ihm aber weh geschehen, und wie tief er dies
empfand, und dass er zuletzt in sich selbst, in dem ewigen
Born der Poesie, der in seinem Herzen rauschte, den ergiebigsten Trost fand, erfahren wir aus einem unvergleichlich schönen Gedichte, das vor etwa 30 Jahren gedruckt erschien, und
noch in keiner Anthologie, auch nicht in der allerneuesten
österreichischen des Herrn Egger und in der achtbändigen von
Dr. Alfr. Jacobi und Herm. Mehl abgedruckt steht. Wir glauben
daher, uns den Dank unserer Leser zu verdienen, wenn wir
diese Dichtungsperle, „Schweigen" betitelt, hier folgen lassen:

Als ich noch jung war,
   Liebt'ich noch zu klagen,
All was dem Herzen leid,
   Vielen zu sagen.

Nun da ich älter,
   Hehl' ich die Pein,
Schliesse den Kummer
   Im Innersten ein.

Denn ich erfuhr es,
   Kalt ist die Welt,
Und nur der Antheil
   Lindert was quält.

So wie das Vöglein,
   Jedermann kennt's,
Das seine Liebe,
   Flötet im Lenz,

Aber vorüber
   Rosen und Brut,
Lautlos in Zweigen
   Fürder nur ruht:

So meine Muse,
   Also mein Herz,
War doch ihr Lied nur
   Sehnsucht und Schmerz.

Diese sechsstrophige Autobiographie des Dichters klärt uns auch über sein Verstummen als Dramatiker auf, „denn ich erfuhr es, kalt ist die Welt," das von Allen, die seine Werke bewunderten, tief beklagt ward.

Wenn er aber auch nach aussen fast theilnahmslos erschien, um desto reicher gestalteten sich die Momente seines inneren Lebens, welche sein geistiges Schaffen umfassen und in eine frühe Zeit zurückreichen mögen. Aus den ersten Arbeitstagen des Dichters ist bisher wenig bekannt geworden. Der „Gesellschafter" von Gubitz erzählt uns schon im Jahre 1819, „dass ihn im Kreise seiner Jugendfreunde seine dichterischen Gaben auszeichneten, er jedoch zu bescheiden gewesen sei, mit den zarten Erstlingsblumen seines Talents an's Licht zu treten und sich mit dem Beifall seiner Freunde begnügte. Er habe ein grösseres theatralisches Werk — den Titel weiss der Berichterstatter nicht anzugeben — vollendet und der Bühne angeboten; der damalige Theatersecretär habe es ihm aber mit der Versicherung zurückgestellt, er habe für die Poesie durchaus kein Talent. *) Der junge Brausekopf warf sein Product in's Feuer und schien den Musen den Rücken zu wenden, bis er endlich den Plan fasste, ein Lustspiel zu schreiben. Sonderbar genug fügte es sich, dass der bekannte Lustspieldichter Hutt in seinem Lustspiele „der Buchstabe" zu gleicher Zeit beinahe dieselbe Idee auf die Bühne brachte, welche Grillparzer zu bearbeiten sich vorgenommen hatte. Er tritt in's Theater, sieht, dass ihm bereits Jemand mit diesem Stoffe zuvorgekommen und die Flammen erhalten sein fast schon vollendetes Lustspiel. Lange Zeit nachher liess er sich von einem Freunde bereden, einige seiner aus Calderon's de la Barca „la vita e un sueno" übersetzten Scenen in der

---

*) Gesellschafter (Berlin 4) 1819, S. 40. „Aus Wien."

Wiener Zeitschrift für Kunst, Literatur u. s. w. abdrucken
zu lassen. Dichter West (Schreivogel), der dasselbe Stück
für das Theater an der Wien bearbeitet hatte, wurde durch
diese Proben auf den Dichter aufmerksam. Durch West's
Aufmunterung entstanden nun die „Ahnfrau" und die
„Sappho". So wenig sich im Grunde aus diesen kurzen
Zügen auf den eigentlichen Genius unseres Dichters schliessen lässt, so seltsam ist der Weg desselben und nicht wenig
neu die Falte der Laune und des Scherzes in einem Gemüthe,
welches das Leben sonst so gar ernst und streng gezeichnet.
Dem Vernehmen nach schreibt er gegenwärtig eine Tragödie, welche unter dem Namen „Die Fahrt der Argonauten," „Jason" und „Medea" drei Abende spielen und den
allgemeinen Titel „Die Eroberung des goldenen Vliesses"
führen soll. Offenbar erinnert das an die Trilogie der Griechen unter Aeschylos und Euripides und zeigt auf's Neue unverkennbar: dass sich Grillparzer die in unsern Tagen fast
ganz verklungenen griechischen Tragödien zum Muster gewählt. Bei unseren von den Alten so sehr verschiedenen
Verhältnissen des Inneren und Aeusseren ist nun freilich das Ziel kühn, die ungewohnte Form und der einfach schöne Geist der klassischen Spiele unsern meist ver-
wöhnten Gemüthern fremd; um so schöner aber der Geist."
Diese Mittheilung eines Zeitgenossen ist in mancherlei
Hinsicht interessant. Sie enthält in der ungebundenen Form
eines Privatschreibens die Chronologie der ersten drei Stücke
des Dichters, zu einer Zeit, als das bedeutendste derselben,
die Trilogie, lange noch nicht aufgeführt war; ausserdem
aber die Mittheilung der Hindernisse, deren eigenthümliche
Besiegung mit dem Durchbruch dieses Genius zusammen-
trifft. Die Chronologie der Grillparzer'schen Dichtungen
auf dramatischem Gebiete ist nach deren Aufführung — denn
über deren Entstehung ist uns und wir glauben überhaupt

Niemandem Näheres bekannt — folgende: Die „Ahnfrau"
wurde zuerst im Theater an der Wien am 31. Jänner 1817
aufgeführt; dann folgte die „Sappho" im Hofburgtheater
am 21. April 1818; „Das goldene Vliess" in drei Abtheilungen: „Der Gastfreund," „Die Argonauten" und
„Medea" ebenda an den zwei aufeinander folgenden Abenden, am 26. und 27. März 1821; „König Ottokars Glück
und Ende" am 19. Februar 1825; „Ein treuer Diener
seines Herrn" am 28. Februar 1828; „Des Meeres und
der Liebe Wellen" ebenda am 3. April 1831; „Der
Traum ein Leben" ebenda am 4. Oktober 1834; und
„Weh dem, der lügt" ebenda am 6. März 1838. Seit
diesem letzten Stücke, an welchem sich das Unverständniss
des Publicums auf's grellste versündigte, schwieg der tief
verletzte Dichter und war durch nichts mehr zu bewegen,
bis heut sein Schweigen zu brechen. Vom Jahre 1817 bis
1838, also innerhalb 21 Jahren, brachte Grillparzer, wenn
wir die Trilogie als Ein Stück gelten lassen, 8 Dichtungen,
ebenso viele Perlen der Poesie, zur Aufführung. Welch ein
Verlust ward dem deutschen Drama durch sein beharrliches
Schweigen in einem noch längeren Zeitraume, von 1838
bis 1870! Zur Aufführung der Fragmente einzelner Stücke,
seit 1861, die sich hie und da gedruckt vorfanden, that der
Dichter selbst nichts dazu, es waren lediglich ihm darge-
brachte Ovationen, die Fragmente selbst aber liessen ermessen,
welchen Verlust die Bühne und die Dichtung durch dieses be-
harrliche Verstummen seiner Muse erlitten haben.

Das Aufsehen, welches die „Ahnfrau" nach ihrer ersten
Aufführung hervorgebracht, war ungeheuer, der Erfolg ein
beispielloser. Der Kritikaster-Verstand hinkte neidisch diesem
Erfolge nach und der Dichter wurde, unsinnig genug, be-
schuldigt, „ein neues System des Fatalismus dargestellt zu
haben!" Grillparzer antwortete in würdiger Weise in der Vor-

rede zur ersten Ausgabe seiner Dichtung (Wien, 1817, 6. Aufl.
eb. 1844). Aber noch Einer nahm sich des Dichters an und
schleuderte den Blitzstrahl seines kritischen Scharfblicks in
die Verwirrung, welche damals in der deutschen Kritik betreffs der Schicksalstragödie herrschend war. „Gäbe es doch,
schreibt Börne, eine grössere Zahl solcher dramatischen Dichtungen wie die „Ahnfrau", dass wir endlich der jämmerli-
chen Familiengeschichten ledig würden, die wie Wanzen sich
in alle Ritzen der Bühnenbretter eingenistet haben, gar nicht
zu vertreiben sind und uns zur Verzweiflung bringen."
Wenn uns nicht Schranken gezogen wären, die wir ein-
halten müssen, wir lieferten hier einen Musterbogen von
Aussprüchen deutscher Kritik, welcher zu einer Geschichte
derselben den interessantesten Beitrag bildete. *) Dass sich die
Uebersetzer dieses Werkes bemächtigten, braucht nicht erst
gesagt zu werden. Die englische, italienische, schwedische,
russische Bühne nahmen dieses Stück in ihr Repertoire auf.
Ein Adolph von Schaden parodirte es und verwandelte den
Borotin in einen Hanns von Pferdefuss und seine Tochter in
eine Grete. „Hosenversoffener Fannenschmiedt," „Vettel,"
„Metze," „Stockfisch," „Racker," „u. s. w. u. s. w." sind die
Kraftworte dieses parodistischen Wechselbalgs! So klammern
sich selbst an den Genius die Blattläuse geistiger Gemeinheit.
Seit der ersten Aufführung im Burgtheater bis 1848 wurde
das Stück über 60mal gegeben. Im Jahre 1851 brachte es
Laube wieder auf die Bühne und es wird nun jährlich min-
destens einmal und stets bei überfülltem Hause aufgeführt.

War der Neid unter den ästhetisirenden Halbtalenten
schon durch die Ahnfrau wach gerufen worden, durch die
„Sappho" kam er um seine Nächte. Je mehr die Einen für
den Dichter schwärmten, um desto mehr suchten Andere ihrer

---

*) Die ausführlichere literarische Charakteristik der einzelnen Dich-
tungen Grillparzer's von Seite der deutschen Kritik siehe im Anhang IV.

Galle Luft zu machen. Während ein wohlwollender Berliner meinte: Schiller's Geist müsse den Verfasser beneiden, antwortete Gubitz, der damals in Spree-Athen in seinem „Gesellschafter" den Ton angab, aber bis an sein Lebensende nicht über literarische Halbheit heraus kam, in dem witzig sein sollenden Epigramm:

„Dort kann man Zorn und Neid empfinden,
Zu hoch dazu stand hier schon Schiller's Ehre;
Die Parzen lassen jede Grill entschwinden,
In ihrer Hand ist ja die krit'sche Schere."

Dieser Witz klingt ebenso als wenn man den Gubitz-schen Namen etwa parodiren wollte:

Ei, was soll das, du heisst gar Gubitz Einer,
Kuhwitz wär' doch verständlicher und feiner.

Die Angriffe, welche „Sappho" in der Kritik erfuhr, waren für den ersten Moment überraschend. Man griff die Sittlichkeit des Stückes an. Man fragte nicht, wie der Dichter selbst die Charaktere seiner Dichtung aufgefasst habe. Sappho ist eine verblühende Schönheit, die bisher nur als Dichterin bewundert, aber dieses Ruhmes satt, sich nach Liebe sehnt. Der junge, von überspannter Bewunderung hingerissene Mann erweckt in ihr den Wahn, von ihm geliebt zu sein. Treffend bemerkt Jemand aus diesem Anlasse, dieser Irrthum habe von Seite des Weibes, so lächerlich er oft im wirklichen Leben erscheine, Alles für sich. Einer der schönsten Eigenheiten des weiblichen Herzens entspringend, beruhe er darauf, dass das Weib immer mütterlich liebt, welches auch ihr Gegenstand sei. So hat auch Sappho's Liebe diesen ursprünglichen Zug. Aber die alternde Geliebte, als sie sich ihres Gegenstandes nicht ganz sicher fühlt, sich bald dienstbar zeigt, um den Geliebten zu gewinnen, bald wieder despotisch, um ihn festzuhalten, wird endlich überspannt im Kampfe ihres demüthigenden Bewusstseins und der wachsenden Sehnsucht ihres öden Herzens. So wenigstens erscheint die Sappho, wie sie Grillparzer gezeichnet. Phaon, der durch Sappho das erste Entzücken der Liebe genoss, widmet ihr zärtliche Dankbarkeit, die sich durch jeden Zauber der Eitelkeit und des Reichthums wohl steigert, aber immer nur Dankbarkeit bleibt. Melitta erst lehrt ihn die wahre Liebe kennen. Melitta, ihm gleich an Jahren, ihm ähnlich an Verhältnissen, fesselt ihn immer mehr; da entdeckt er in Sappho's Eifersucht, dass er sich selbst nicht mehr gehöre und er Sappho's Leibeigener sei. Nun wird er mit einem Male inne, wie sie ihn um die Blüthe des Entzückens betrogen, wie sie nach dem Besitze dessen hasche, was nur der jugendlichen Melitta hätte gehören sollen. Als nun Sappho Melitten sogar bedroht, da geht Phaon in's reine Naturverhältniss über, vertheidigt sich und sein Besitzthum gegen eine fremde Obermacht, und in dem Herzen, das einst von Dankbarkeit überquoll, schäumt wilde Rache auf. Bei dieser Auffassung der Charaktere, die übrigens den Ideen des Dichters zunächst kommen dürfte, entfallen die Vorwürfe, welche dem Drama gemacht worden, von selbst. Wieder aber ist es Börne, der des Stückes in begeisterten Worten gedenkt und es eine „köstliche Frucht in goldener Schale" nennt. Innerhalb eines Tages und einer Nacht sieht man den Keim, das Wachsen, die Blüthe, die Frucht, das Hinwelken der Liebe; die Natur selbst hätte keine längere Zeit bedurft. — Hier müssen wir denn noch eines Pröbchens komischer Rezensentenweisheit gedenken. Im dritten Akte schildert Phaon den schönen Abend folgendermassen:

Ein leiser Hauch spielt in den schlanken Pappeln,
Die kosend mit den jungfräulichen Säulen
Der Liebe leisen Gruss herüber flüstern,
Zu sagen scheinen: seht, wir lieben, ahmt uns nach.

Während nun in Berlin diese Stelle so ausnehmend gefiel, dass man — so berichteten damals die öffentlichen Blätter — bei der architektonischen Verzierung der Vorhalle des Hauses der Sappho die jungfräuliche Gestalt der Säulen durch Karyatidengestalten darstellte, klagt ein Hamburger Rezensent der „Sappho" über einen Druckfehler in der Rolle und sagt: Grillparzer schrieb: kosend mit dem jungfräulichen Säuseln. — Welchen Erfolg die erste Aufführung der Sappho im Burgtheater hatte, erfahren wir aus dem Journal des Débats vom 1. Juni 1818. Dort heisst es: „Der Verfasser hat trotz aller zu bekämpfenden Hindernisse einen Erfolg erhalten oder vielmehr einen Triumph gefeiert, wie die dramatische Kunst in Deutschland kein ähnliches Beispiel aufweisen kann. Von dem dritten Aufzuge an wurde er genöthigt auf der Szene zu erscheinen, im fünften Akte wurde er gekrönt und sodann in Prozession nach seiner Wohnung begleitet. Am andern Morgen, nachdem sein Souverain ihn mit Gnadenbezeigungen geehrt hatte, eröffnete man für ihn eine beträchtliche Subskription, welche in wenigen Stunden vollendet war." Wenn auch an dem Allen kein wahres Wort ist, beweist doch diese Reihe von Lügen, dass man einen solchen Erfolg für möglich, ja wahrscheinlich hielt, und in der That war der Triumph des Dichters ein grossartiger. Seit der ersten Aufführung (1818) bis zum Jahre 1848 wurde das Stück im Burgtheater über 50mal gegeben. Ob es ins Französische übersetzt ist, ist uns unbekannt. Eine italienische Uebersetzung von G. Sorelli erschien bereits 1819. Englische Uebersetzungen bestehen drei und zwar in London erschienene zwei, beide anonym (1822 und 1855) und in Nordamerika eine von Miss Edda Middleton (New-York bei Appleton und Comp.). Ins Ungarische hat die Sappho Gabriel Pap übertragen, der sich auf einem vom 17. Jänner 1824 datirten Klausenburger

Theaterzettel, auf welchem die Aufführung der „Sappho“ angekündigt wird, „den ersten Horaz ungarischer Jamben“ nennt, während die Schauspielerin Szekely, zu deren Benefiz das Stück in Szene ging, in der Ansprache, mit welcher sie sich dem Publikum empfiehlt, unter Anderem sagt: „Das häufige Fliessen meiner Thränen hat mein Herz in der nöthigen Gefühlsamkeit erhalten.“ Das deutsche Original erschien zuerst im Jahre 1819, in dritter Auflage bereits im Jahre 1822.

Nach dreijähriger Pause trat 1821 Grillparzer mit seiner Trilogie hervor. „Das goldene Vliess“ wurde an den zwei Abenden des 26. und 27. Mai, und zwar am ersten das Vorspiel: „der Gastfreund“ und „die Argonauten“, am folgenden „Medea“ gegeben. Der Uebermuth der Wiener Kritik erreichte bei dieser Gelegenheit den Gipfelpunkt. Aftergelehrsamkeit und galliger Neid führten die Rezensentenfedern. Ins Ausland wurden boshafte Korrespondenzen gesendet; nichts wurde unterlassen, dem genialen Dichter sein Schaffen zu verleiden, aber der Poët, der seine Medea sagen lässt:

Was ist der Erde Glück? — Ein Schatten! —
Was ist der Ruhm? — Ein Traum! --
Du Armer, der vom Schatten du geträumt,
Der Traum ist aus — allein die Nacht noch nicht.

lässt sich von den Nadelstichen der Kritik nicht beirren. Die Absicht, dem Dichter wehe zu thun, lag offen zu Tage. Am Dichter selbst gingen diese Umtriebe spurlos vorüber; nicht so am Publikum, welches von jener Geringschätzung der Grillparzer'schen Muse irregeführt, nun sich zu gebärden anfing, als habe es ein eigenes Verständniss. Es ist aber eine Thatsache, dass dieser Vielkopf, an und für sich verstandlos — wir sprechen hier von dem sogenannten Theaterpublikum — nur an das glaubt, was ihm von seinen Bon-

zen, den Hohenpriestern der Kritik, eingetrichtert wird. In
Deutschland, wo es die Verhältnisse der meisten Bühnen
gar nicht erlaubten, eine Trilogie, die überdies auch eine
kostspielige Ausstattung erforderte, zur Darstellung zu
bringen, lallte man den Unsinn der Korrespondenten nach
und von dieser Zeit datirt das Unbekanntsein der Grillparzer'schen Werke in Deutschland. Ihm fehlte aber, wie Laube
treffend bemerkt, ein Cotta, da er selbst mit seinem zurück-
haltenden, für solche äusserliche Dinge geradezu indolenten
Wesen nicht gemacht war, sich nach einem Verleger, wie
jener Göthe's und Schiller's, umzusehen. Ja bis in die neueste
Zeit pflanzte sich diese Abgeschmacktheit, Grillparzer den
Dichterlorbeer streitig zu machen, fort. Hören wir doch, was
uns der Nürnberger Korrespondent 1863, Nr. 375 erzählt:
„Wer ist Grillparzer? Diese Frage finden wir bei Gelegenheit des neulichen Auftretens der Frau Rettich auf dem Berliner Viktoria-Theater als Medea in der Berliner allgemeinen
Zeitung in folgender Weise beantwortet: „Grillparzer ist
ein österreichischer Dichter, der zufällig nicht magyarisch
oder czechisch, sondern deutsch geschrieben hat. Seine
Dichtungen können nicht als Manifestationen deutschen
Geistes gelten u. s. w." Nun setzt der Nürnberger Korre-
spondent fort und spricht uns dabei aus der Seele: „Das
heisst doch den kleindeutschen Unsinn ganz konsequent bis
in die Theaterkritik hinein treiben! Also der Dichter der
„Medea", „Ahnfrau" u. s. w. ist eigentlich kein deutscher
Dichter? Was heisst denn Manifestation des deutschen
Geistes? Sind die Dichtungen des preussischen Junkers
Herrn von Putlitz „Manifestationen des deutschen Geistes"?
Und solch blöde Tendenzmacherei findet sich in dem Blatte
des deutschen Literatur-Historikers Julian Schmidt!" —
    War die längere Pause, welche dieser Dichtung folgte,
— denn erst nach vier Jahren trat Grillparzer mit einem

neuen Werke auf — durch diese schnöde Behandlung veranlasst, wir wissen es nicht zu sagen und zweifeln daran,
Thatsache aber ist es, dass „Ottokars Glück und Ende"
erst im Februar 1825 zur Aufführung kam. Seit einer Reihe
von Jahren sah das Publikum keiner Vorstellung mit solcher
Spannung entgegen, wie jener des genannten Stückes. Mehrere Wochen vorher schon waren Logen und gesperrte Sitze
auf mehrere Wochen hinaus in Beschlag genommen. In den
Laden der Wallishausser'schen Buchhandlung, wo an diesem Tage, es war der 19. Februar, das Buch zum ersten
Male ausgegeben wurde, konnte gegen Mittag Niemand mehr
hinein. Ueber 600 Exemplare des gedruckten Stückes wurden an diesem Tage abgesetzt. Am folgenden Tage hörte man
von nichts als „König Ottokars Glück und Ende" reden. In
den Kaffeehäusern, an Wirthstafeln, in Gesellschaften und
Soiréen war „König Ottokar" der Held des Tages. Ein vaterländischer Dichter, ein vaterländischer Stoff, das erste
Schauspiel dieser Art, das auf die Bühne kam! Es war ein
Ereigniss, neu in seiner Art und seit den Franzosentagen
eine solche Aufregung — freilich in anderer Richtung —
nicht erlebt. Als am folgenden Tage die Rezensionen erschienen, riss man sich förmlich um die Theaterblätter. Es
war unmöglich das Blatt zu haben, ohne zehn Pränumera-
tionen beim Marqueur abzuwarten. Nur durch den Umstand,
dass Anschütz, der Träger der Titelrolle, schon am ersten
Tage mit Heiserkeit zu kämpfen hatte und einige Tage nicht
auftreten konnte, sonach die zweite Vorstellung des Stückes
erst acht Tage später erfolgte, nur durch diesen Umstand
trat so zu sagen eine kleine Reaction ein, die aber alsbald
endete, als die Vorstellungen wieder begannen.

Wir schreiben Geschichte, gestützt auf die Aussagen
von Zeitgenossen. Der Erfolg des Stückes im grossen Publikum war nicht nachhaltig, die tiefe politische Bedeutung

der Dichtung, die meisterhafte Charakteristik der Figuren
war ihm nicht ganz klar geworden. Da damals bereits die
Censur bestand, so war es auch nicht leicht möglich, ihm
dieselbe klar zu machen. Hingegen ausserordentlich war der
Erfolg bei den tiefer denkenden Kritikern Oesterreichs, welche
zu der damals noch dünngesäeten und mehr nach Instinkten
als nach politischem Bewusstsein die Verhältnisse anschauen-
den grossösterreichischen Partei zählten. Das Organ
derselben war das seitdem nicht wieder ersetzte Hormayr-
sche „Archiv für Geschichte". Es ist uns nicht erinnerlich,
dass irgend ein einheimisches oder fremdes dramatisches
Werk eine so eingehende Beurtheilung erfahren hätte als
dieses. Es wurden ganze Abhandlungen darüber geschrieben. Nur nebenbei sei zweier nicht uninteressanten Umstände
gedacht. Vorerst, dass Napoleons Erscheinung auf die
Zeichnung des Ottokar, wie Grillparzer sie ausgeführt, nicht
ohne Einfluss geblieben; soweit liess sich Grillparzer in seinen
Dichtungen von der Gegenwart anregen. Dann aber hat der
Dichter in dem Bürgermädchen Katharina Fröhlich
seine Jugendliebe verewigt. —

Auf dem Boden der Geschichte, den Grillparzer
mit dem Ottokar betreten hatte, blieb er stehen, als er
1828 den „treuen Diener seines Herrn" zur Aufführung brachte. War es früher die böhmische, so war
es nunmehr die ungarische Geschichte, aus welcher Grillparzer eine der wirksamsten und bedeutsamsten Episoden für
die dramatische Bearbeitung gewählt. Die unerschütterliche
Treue eines Unterthans gegen seinen König, indem jenen
auch nicht die schwersten Verluste, veranlasst durch Personen, die dem Fürsten sehr nahestehen, und auch dann
nicht wanken machen, als sich die treuesten Anhänger des
Königs gegen diesen kehren, bildet den Inhalt des Dramas.
Bisher hatte die kritische Meute an der poetischen Kraft des
Dichters gemäkelt und dieselbe den grossen Stoffen der

alten Mythe und Geschichte als nicht gewachsen erklärt, jetzt
führte man ein anderes Manöver durch und roch aus den
zwei Bearbeitungen der böhmischen und ungarischen Geschichte mit der kritischen Nase den Servilismus heraus.
Wer sollte es glauben, dass man an eine durch und durch
poetische Schöpfung den Massstab einseitiger Auffassung po-
litischer Parteien legen werde? Es ist noch Niemandem bei-
gekommen Aeschylos zu tadeln, weil er in den „Persern"
den Ruhm feierte, den seine Nation durch die Niederlage des
Xerxes erworben hatte. Hatte der Dichter bei seinen Werken wirklich seinen politischen Nebenzweck, so hat er selbst
ihn nie in den Vordergrund gestellt. Dass Andere — und
diese wissen schon warum — auf die Nebensache das Haupt-
gewicht legten — durfte die vorurtheilsfreie Kritik nicht be-
fangen machen, am wenigsten in Deutschland. Allerdings
ist Deutschland gerade das Land, in welchem es erlaubt ist,
spezifisch preussisch oder sächsisch, baierisch oder hano-
veranisch, ja gothaisch und greitz-schleizisch zu sein, nur
nicht spezifisch österreichisch. Bezeichnend und den Dichter selbst ehrend ist der Ausspruch des Kaisers Franz, der —
so wird berichtet — gleich nach der ersten Aufführung die
Missdeutung, welche das Stück erfahren konnte, geahnt und
dem Dichter die Zurücknahme desselben angerathen hat.
Der Oberstkämmerer soll die merkwürdigen Worte des Monarchen dem Dichter überbracht haben: „Es sei das Stück
dem Kaiser so werth, dass er es nicht der Oeffentlichkeit
ausgesetzt sehen, sondern es dem Dichter abkaufen wolle." —
Die vorherrschend vaterländische Tendenz des „Ottokar", wie
des „Ein treuer Diener seines Herrn" erklären es einigermas-
sen, dass sich die fremden Literaturen derselben nicht wie der
„Ahnfrau" und „Sappho" bemächtigt haben. Aber der „treue
Diener" fand in neuerer Zeit in Böhmen einen Uebersetzer

und die Uebertragung von W. Poděbradsky ist seit 1855 in's Repertoire der čechischen Vorstellungen aufgenommen.

Nun aber kommen wir in der chronologischen Folge seiner Stücke an eines, welches einzig in seiner Art in der deutschen Dichtung, leider noch wenig in Deutschland bekannt und an wenigen Bühnen aufgeführt ist. Wir meinen „Des Meeres und der Liebe Wellen", welches die herzergreifende Erzählung von Hero und Leander behandelt. Diese Erzählung bot den Stoff zu mehreren Poesien. wir erinnern an die allbekannte Ballade von Schiller, an das wunderbare Volkslied von den Königskindern und an die von einem neueren Dichter — wir glauben es ist Paul Heyse — bearbeitete Geschichte der Margherita Spoletina. Dass dieser einfachen Erzählung, wie viel auch poetisches, aber wenig dramatisches Element innewohne, ist nicht zu bezweifeln und nur ein Genius wie Grillparzer konnte es wagen, sie zu dramatisiren. Aber schon in dem Titel: Des Meeres und der Liebe Wellen finden wir die tiefgedachte Parallele, in welcher uns der Dichter ein geheimnissvolles Gleichniss gibt. Des Meeres und der Liebe Wellen tragen den Liebenden über den Hellespont, aber der Sturm und die Leidenschaft vernichten den freien Willen und nur dieser ist das Mass und das Licht der Seele. Seit Shakespeares „Julie und Romeo" ist uns keine Dichtung bekannt, in welcher der geheimnissvolle Zauber der Liebe in entzückendere Worte gebracht worden wäre, als in diesem Stücke Grillparzer's. Hätte Grillparzer nichts in seinem Leben geschrieben als diesen dritten Akt, sein Name bliebe unvergessen in der Geschichte der deutschen Dichtung. Ja wohl, schreiben konnte Grillparzer dies, aber wer soll sprechen, was er schrieb? In dieser Schwierigkeit liegt vornehmlich der Grund des Unbekanntseins, an welchem dieses Stück leidet. Nachdem es in Wien am 3. April 1831 zum ersten Male auf der

Hofbühne gegeben worden, verschwand es nach einigen
Aufführungen von den Brettern. Damals gab Fräulein Gley,
die nachmalige heut noch unvergessene Rettich, die Rolle
der Hero. Man zählte diese Leistung zu ihren ausgezeichne-
testen. Zwanzig Jahre lag das Stück im Staube der Hofthea-
terbibliothek; dem Director Laube war es vorbehalten, dieses
Kleinod der deutschen Dichtung der Bühne zurückzuerobern.
Seine geistvolle Inszenesetzung zur neuen Aufführung 1851
wurde durch eine grosse Künstlerin, die geniale Frau Bayer-
Bürck auf das wirksamste unterstützt. Der Erfolg war ein
glänzender und so oft die Künstlerin in Wien gastirte, so
oft kam das Stück wieder zur Aufführung. In jüngster Zeit
feierte die Rudloff darin überraschende Erfolge. Der Versuch, es auch auf anderen deutschen Bühnen einzuführen,
wollte nicht gelingen, weil für die Hero die Kräfte fehlten.
Ein wahrer Vandalismus wurde aber von einem Münchener
Kritiker begangen, als das Stück in den Oktobertagen 1856
zur Darstellung kam. Dass Fräulein Damböck für die Rolle
einer Hero nicht passte, dieser Umstand allein berechtigte keinen
Kritiker, über das Stück selbst zu schreiben wie folgt: „Die
Fabel ist geist- und effektvoll behandelt, freilich mit etwas
zu greller(?) Hervorhebung der rein sinnlichen Elemente.
Da, wenigstens vor des Zuschauers Augen, zu wenig vor-
geht und beim Aufgehen des Vorhangs Jedermann das Ende
schon weiss, die Zeit bis zum fünften Akte aber nicht lediglich mit Meerwasser ausgefüllt werden kann, so griff der
Verfasser zu dem Mittel, die psychich-physische Entwick-
lung der Liebe darzustellen, wie sie sich vom Platonismus
allmälig emanzipirt. Leander ist als ein schlimmer Duck-
mäuser — die Hero als ein gar zu naives Gänschen dargestellt; während des heidnischen Gottesdienstes macht jener
sich unter dem Vorwande übergrosser Andacht an die Priesterin, die dann aus Zerstreuung sogar ihr oft hingesagtes

Gebet nicht mehr weiss. In Anbetracht dessen wird sie in
einem klösterlichen Thurme einlogirt, aber nachdem sie halb
ausgekleidet und ins Schlafgemach gehen will, kommt Leander, noch triefend, vom Hellespont heraufgestiegen, ohne
für diesen sonderbaren Besuch eine stichhaltige Entschuldigung vorbringen zu können. — Ein Wächter ruft, ob Jemand
da sei — er will sich in ihr Schlafgemach verbergen, Hero
leidet es nicht, leidet es aber dann doch, und täuscht so den
Tempelhüter, der mit Spiess und Nachtwächterhorn die
Runde macht. Leander kommt heraus — wo ist das Licht?
ruft Hero — der Schlingel hat es vergessen! Er holt das
Licht und bittet dann im Laufe des Gespräches um einen
Kuss. Hero schlägt dieses nicht ab, stellt aber vorher das
eben verlangte Licht wieder unter den Tisch. Diese eigenthümliche Gattung von Verschämtheit erregte natürlich Ge-
lächter. Leander fragt: Wann darf ich wieder kommen? —
Ueber's Jahr zum nächsten Tempelfeste! — Leander ent-
gegnet, ob sie so lange in Ungewissheit bleiben könnte über
sein Schicksal, ob sie nicht früher zu wissen wünsche, wie
er über das Meer heimgekommen sei, und sagt sodann:
Sag' in acht Tagen, sag' übermorgen! Hero blickt ihn an
und ruft: ,,Komm' morgen!" Grosse Heiterkeit. Ueberhaupt
fand das Publikum bei diesem ,,Trauerspiele für die reifere
Jugend" mehr Gelegenheit zum herzlichen Lachen, als bei
manchem Lustspiel." — Es gehört eine alles Mass überstei-
gende Frivolität und Frechheit dazu, um über ein Stück,
dessen Zauber und Liebreiz von Niemandem noch angefoch-
ten worden, etwas so haltlos Gemeines zu schreiben wie
das, was wirklich viel eher in einer Sammlung Priapeia seinen Platz fände, als in den Spalten eines Journales in einer
ihrer Kunstliebe und ihres veredelten Geschmackes wegen
allgemein gepriesenen Stadt. Auf solche Art lässt sich Alles
entstellen; welche Fundgrube zu schalen Zweideutigkeiten

böte dem glücklicherweise ungenannten Schreiber des Obigen Shakespeare's „Julie und Romeo", von andern Werken grosser und kleiner Poeten nicht zu reden. Rudolph Gottschall. der mit den Oesterreichern wenig Federlesens macht, sagt selbst von „Hero und Leander", dass es herrliche Einzelheiten, plastische Schilderungen und psychologische Momente von glücklicher Wahrheit enthalte, nur erscheint ihm die Einfachheit der Komposition durch zu wenig Hemmungen und Einschnitte der Handlung gehoben, um aus einem Gemälde mit einzelnen dramatischen Gruppen eine spannende Tragödie zu machen." Zu solchem Tadel ist ein Kritiker wohl berechtigt, nicht zu obiger Nichtswürdigkeit. Eine Jungfrau. die am Tage ihrer Weihe zur Priesterin zum ersten Male beim Anblick eines Jünglings empfindet, was Liebe ist: deren einfaches Begegnen, wobei das kürzeste Zwiegespräch die Neigungen Beider verräth; eine bei nächtlicher Weile an's Fenster gestellte Lampe, dem Liebenden ein Leitstern bei seinem Kampfe mit der Meerflut, und endlich ein Auslöschen dieser Lampe zu bedrohlicher Stunde durch die Hand des argwöhnischen strafenden Priesters, diese geringen Mittel genügen dem Dichter, um ein Werk zu schaffen, das nur dem Meisterwerke des grossen Britten würdig an die Seite gestellt werden kann. Es kann wohl sein, dass unter den darstellenden Künstlern die Lust für Werke solcher Art erstorben, dass selbst im Publikum durch die Menge des Mittelmässigen, das ihm geboten wird, der Geschmack für das einfach, aber bleibend Schöne herabgestimmt ist. Diese Dichtung Grillparzer's verlangt freilich Darsteller von seltener Meisterschaft, welche den reisenden Theatervirtuosen und Virtuosinnen gänzlich fehlt, sind aber solche wirklich denkende und fühlende Künstler vorhanden, dann muss eben die grosse Einfachheit, durch welche der Darsteller sein ganzes Spiel zur höchsten Innerlichkeit des Gefühls zu steigern gezwungen ist, ausserordentliche Wirkungen hervorbringen. Welch' eine Sprache in diesem „des Meeres und der Liebe Wellen"! Dies ist die ewige Sprache der Liebe und wer sie findet, ein grosser Dichter und wer sie angemessen spricht, ein grosser Künstler.

Schon hatte der Dichter Italiens und Griechenlands Boden in seinen Dramen betreten; wir sahen ihn in den gespensterhaften mächtigen Hallen eines von wenigen Menschen bewohnten, vereinsamt im Waldesdunkel gelegenen alten Stammschlosses dahinwallen; dann wieder hat uns der Zauberstab seiner Dichtung in die eigene altgeschichtliche und romantische Heimath versetzt; nun betrat er ein neues Gebiet, den Orient, wo er einen Jüngling Rustan, der vom Drange nach Thaten erfasst ist, bei nächtlicher Weile ein Leben voll Glanz und Verbrechen, voll Schrecken und Elend — durchträumen lässt. Raupach in seinem „Das Märchen im Traum", welches zuerst in Rochlitz's „Mittheilungen" (1822) erschien, lässt Aehnliches einem jungen Weibe geschehen. Dass beide Dichter übrigens unabhängig gearbeitet, dafür spricht jeder Mangel einer Aehnlichkeit in Ausführung und Sprache.

Das ist eine Reihe furchtbar schöner Phantasmagorien, welche uns der Dichter vorführt, dessen eigener Ausspruch gelegenheitlich der ersten Aufführung am 4. Oktober 1834 zu bezeichnend ist, als dass wir es unterlassen dürften, ihn hier mitzutheilen. Grillparzer, noch ungewiss über den glänzenden Erfolg, den das Stück bei seiner ersten Aufführung und bei allen folgenden bis in die Gegenwart feierte, sprach sich damals folgendermassen aus: „Ein Dichter, der ein zweites Stück dieser Art schriebe, verdiente Züchtigung, dies eine gewagt zu haben verdiene, dass es gefiele; er liebe übrigens eben diese Dichtung, wiewohl der Erfolg durch die Form, die Ausführung und das Publikum

selbst, wenn es zu weit voraus denke, auf die Spitze gestellt
bleibe." Der Erfolg war ein grossartiger — und nicht bloss
auf der Bühne seiner Vaterstadt, sondern auf jeder, auf
welcher es gegeben worden. Wenn ein Kritiker ausrief:
„Ein Traum, ein Leben! Nie ist ein inhaltschwererer Titel
für ein Stück gewählt worden: nie hat ein Stück die Zusage
seines Titels gewissenhafter erfüllt," so hat er mit wenigen
Worten ein richtiges und gewichtiges Urtheil gefällt. Das
Stück wurde in 14 Jahren von 1834—1848 auf der Hofbühne 50mal gegeben; im Jahre 1850 nahm es Laube,
der treffend bemerkte, dass man in Rustan und Zanga einem
heimathlichen Faust und Mephisto begegne, wieder ins Repertoire auf, und, seinen ursprünglichen Zauber bewährend,
ist es noch gegenwärtig ein Lieblingsstück des Wiener
Publikums. In neuerer Zeit (1858) erhob sich in einem
sehr geachteten und viel verbreiteten Blatte, nämlich im
„Magazin für die Literatur des Auslandes", der Zweifel,
ob diese Dichtung Grillparzer's durchgängig Original sei?
Man erinnerte bei dieser Gelegenheit an einen modernen
spanischen Dichter, an Saavedra Herzog von Rivas, der in seinem Stücke „El desenganno en un suenno" eine ähnliche
Idee dramatisch behandelt habe. Nun wurde schon oben bemerkt, wie dies mit Raupach in seinem „Märchen im Traum"
auch der Fall sei. Muss denn desshalb ein Dichter dem andern die Idee genommen, oder können nicht alle drei, Grillparzer, der spanische Herzog und Raupach, dieselbe einer
gemeinschaftlichen, viel älteren Quelle entlehnt haben? Die
deutsche Bescheidenheit, die gleich lieber annimmt, ein
deutscher Poet bestehle einen fremden, als ein fremder
schöpfe aus einem deutschen, geht denn doch zu weit und
wir würden einen solchen Vorgang bei Poeten minderen
Ranges entschieden zurückweisen: bei Grillparzer nennen

wir dergleichen eine durch Gott weiss was veranlasste Ver-
sündigung am Genius.

Als Grillparzer etwa vier Jahre später mit seiner letzten Arbeit vor das Publikum trat, es war mit dem am 6. Mai
1838 gegebenen Lustspiel „Weh dem der lügt", da zeigte
sich der Idiotismus des Haufens, der seine Abende im Schau-
spielhause abgähnt, in seiner ganzen Macht. Unbarmherzig
liess er das Stück eines Dichters, der es vorher öfter schon
mit so herrlichen Gaben beschenkt hatte, misshandeln; und
nicht weil das Stück etwa schlecht war, sondern weil ihm
die Fassungskraft fehlte, das geistreiche Werk des Dichters
zu verstehen. Dem Stücke, dessen hauptsächlicher Fehler in
der Bezeichnung „Lustspiel" besteht, liegt eine Legende
aus dem Leben des heiligen Gregor zu Grunde. Die lust-
spielartigen Elemente, welche der Fabel nicht abzustreiten
sind, gestalten noch kein Lustspiel, hingegen findet sich
auch in diesem Stücke Poësie die Fülle; nicht dem übermüthigen Anfänger, der mit selbstbewusstem Hochmuth vor
das Publikum tritt, dürfte ein so erniedrigender Erfolg
werden, geschweige dem grossen, überbescheidenen, be-
währten Dichter, auf den das Vaterland stolz sein durfte,
und das war damals, das war lange zuvor schon Grillparzer.
Aber der feinfühlende Dichter nahm sich eine Lehre daraus,
an der er unverbrüchlich hielt. Solcher Mangel an Pietät
liess in ihm rasch den Entschluss reifen, sich den Haufen,
genannt Publikum, vom Leibe zu halten. Von dieser Zeit an
schwieg er, und alle Bitten und Vorstellungen vermochten
nicht ihn in seinem Entschlusse wankend zu machen. Seit
dem Jahre 1838 gelangte keine neue Arbeit Grillparzer's
zur Aufführung. Nur ein Vorspiel seiner „Libussa" ging
zum Vortheil der barmherzigen Schwestern am 29. November 1840 in einer Burgtheater-Akademie über die Bretter,
wurde dann 21 Jahre später, am 5. Mai 1861, in dem nach-

mals abgebrannten Quai-Theater aufgeführt und am folgenden Abend im Burgtheater wieder von Neuem ins Repertoire aufgenommen. — Die „Esther", der Bibelstoff dramatisch behandelt, wurde als Fragment (1. und 2. Akt) gedruckt in Emil Kuh's „österreichischem Dichterbuch" (Wien 1863, Gerold, 8.) und vier Jahre später, am 29. März 1868, zuerst aufgeführt, worauf sie auch im Burgtheater zur Darstellung kam. — „Hannibal und Scipio" aber, eine dramatische Szene, zuerst abgedruckt im „Album österreichischer Dichter" (Wien 1850, Pfautsch 8.) I. Serie, wurde, auch wieder in einer Akademie, im k. k. Hofoperntheater am 21. Februar 1869 dargestellt.

Ausser diesen acht Dramen — darunter die Trilogie „Das goldene Vliess" — und den genannten Fragmenten, schrieb Grillparzer zwei Erzählungen: die im Mailath'schen Taschenbuche „Iris für 1848" abgedruckte: „Ein alter Spielmann," und die zwanzig Jahre ältere im Taschenbuch „Aglaja für 1828" erschienene: „Das Kloster bei Sendomir"; ferner ein Opernbuch, das Märchen der „Melusine" behandelnd, ursprünglich für Beethoven geschrieben, aber erst nach dessen Tode von Konradin Kreutzer componirt, der jedoch, wie ein Biograph Grillparzer's bemerkt, „kein Ersatz für Beethoven und kein Komponist für eine Dichtung Grillparzer's ist" — endlich eine Fülle herrlicher hie und da zerstreuter und leider noch immer nicht gesammelter Gedichte. Diese, obgleich subjectiv, meistens nur Nachklänge seiner Stimmungen, sind mächtig, kraftvoll, ergreifend. In Grillparzer steht der Lyriker auf gleicher Höhe mit dem Dramatiker und wenn Grillparzer in den zahllosen lyrischen Anthologien der deutschen Dichtung vermisst wird, so ist wahrhaftig nicht an ihm die Schuld. Diese Anthologiensammler nehmen nicht selten unbedeutende Reimereien eines unbekannten Dichterlings auf, aber die alten Jahrgänge der „Aglaja" oder der „Vesta" aufzusuchen und die poetischen Perlen Grillparzer's, die darin zu Dutzenden verborgen sind, für ihre Anthologien zu benützen, unterlassen sie, weil ihnen das einige Mühe machen würde und es leichter ist, Einer den Anderen abzuschreiben.

Noch sei der Vollständigkeit halber eines Talentes des Dichters Erwähnung gethan, dem er wohl manche selige Stunde verdankt: Grillparzer ist ein ausgezeichneter Musikkenner und Meister auf dem Flügel. Eine Wiener Musikzeitschrift (die Glöggl'sche?) bemerkt in einer Nummer des Jahres 1856: „Am 15. Jänner 1791 wurde zu Wien unser grosser vaterländischer Dichter Franz Grillparzer geboren, in musikalischer Hinsicht als Verfasser mehrerer Kompositionstexte und als Musiker bekannt." Eine besondere Verehrung hegt er für Beethoven, welche er auch durch seine ihm gewidmete Grabrede und das Gedicht „Beethoven" bewies. Vor kurzer Zeit aber überraschte mich ein Freund und Musikaliensammler, indem er mir aus seiner reichen Sammlung kostbarer und seltener Tonwerke eines vorzeigte, das den Titel führt: „Rhapsodie für das Pianoforte von Grillparzer" 1. Werk (Wien [1832] bei Haslinger.) Ob diesem 1. Werke noch andere gefolgt, konnte ich nicht ermitteln.

So hätten wir denn ein getreues Bild von des Dichters innerem und äusserem Leben, von der nichts weniger als verwickelten oder gar dornenvollen Laufbahn des letzteren und von dem reichen geistigen Schaffen des ersteren gegeben. Es bleibt uns nun noch Weniges zu sagen übrig über Grillparzer den Menschen. Porträts helfen dazu nicht viel, sie mögen noch so gut getroffen sein, wie denn dem Kriehuber'schen Bilde grosse Aehnlichkeit nicht abzustreiten ist; aber Grillparzer's Kopf ist nicht wie ein anderer. Auf das erste Ansehen hin wird Niemand, der Menschenkenner, der

Seelenforscher ausgenommen, länger auf diesen Zügen ver-
weilen, die ihm nichts Aussergewöhnliches darzubieten
scheinen; aber man betrachte diesen Kopf, dieses sanfte,
seelenvolle Auge nur länger und unwillkürlich fesselt es
den Beschauer, wie die mit weicher angenehmer Stimme
gesprochenen Laute Jedem in's Herz dringen. Seine kleine,
etwas gebeugte Gestalt mit dem etwas nach der Seite ge-
neigten Kopfe, woran er in einem Kreise geistig hervorragen-
der Persönlichkeiten zunächst zu erkennen sein dürfte, ist
anspruchslos, fast unscheinbar. Die Hände auf dem Rücken,
begegnet man ihm auf einsamen Spaziergängen, in Gedanken vertieft, freundlich, aber verlegen dankend, wenn er
einen achtungsvollen Gruss empfängt, dessen Geber er sicher-
lich nicht erkannt hat. Aber wird er in ein Gespräch hinein-
gezogen, das seine Theilnahme erweckt und in einem Kreise,
in welchem er sich nicht fremd fühlt, dann ist es ein Seelen-
genuss ohne gleichen, ihn sprechen zu hören und zu sehen,
wie das schöne blaue Auge lebhaft aufblickt, ohne jedoch
seinen Charakter lieblicher Milde einzubüssen; wie sich die
Züge allgemach beleben, und sich in seinen Bemerkungen
bald wohlwollende Gemüthlichkeit und feine Schalkheit
kundgibt, bald wieder haarscharfes Durchdringen des in
Frage stehenden Gegenstandes, verbunden mit weitausgrei-
fenden, aber immer kurzgefassten Gedanken, die uns noch
lange nachher, wenn sie gesprochen worden, zu denken geben.

Wir wollen hier nur eine kleine Musterkarte solcher
Aussprüche Grillparzer's folgen lassen. Von der Ristori
sagte er: „Wie gross muss diese Künstlerin gewesen sein,
bevor sie berühmt geworden;" — von einem Archäologen, der
über jeden verwitterten Stein, über jedes Stück bemalter
Leinwand in Extase gerieth, that er den Ausspruch: „Er
ist einer jener Menschen, die sich glücklich fühlen, wenn
sie eine Mutter Gottes finden, die wie ein alter Rechnungs-

rath aussieht." — Die sinnreiche Definition der Eifersucht:
„Eifersucht ist eine Leidenschaft, die mit Eifer sucht, was
Leiden schafft" hat die Runde durch alle Länder deutscher
Zunge gemacht. — Als einmal Mozart's G-moll-Symphonie
aufgeführt worden, rief er aus: „Die hat Mozart sicher vor
der Erbsünde komponirt;" — den Styl des Thoas in
Goethe's Iphigenie charakterisirte er: „Der Thoas spricht
wie ein taurischer Hofrath;" — das kühle nordische Wesen der Jenny Lind, die er als Sängerin hochstellte, be-
zeichnete er mit dem Ausdrucke: „Zugeknöpft bis an die
Zähne;" — als einst von der Richtung der modernen
Dramatiker, in Prosa zu schreiben, gesprochen wurde, defi-
nirte er die Dichtkunst: „In Versen denken ist Dichten, mit
dem Verse entstand die Dichtkunst;" — der literarischen
Anläufe des in den Dreissigerjahren auftauchenden „jungen
Deutschland" gedenkt er mit folgender Bemerkung: „Sie
haben das Reich der Poesie erweitert, indem sie nämlich
die Prosa mit hineinzogen; dadurch ist aber die Poesie nicht
reicher, sondern prosaischer geworden;" — über die heil-
lose und lächerliche Selbstvergötterung einiger Poeten, welche
sich mit der Erschaffung einer neuen Poesie trugen,
sprach er die herrlichen Worte: „Ich kenne keine andere
Poesie als die von Ewigkeit; das Neue ist Auswuchs; das
Schöne und sein Begriff sind unwandelbar; da lässt sich
nichts reformiren. „Was machst du die Welt, sie ist schon
gemacht," sagt Goethe und ich sag's auch; Genialität
ohne Talent ist der Teufel der neuen Kunst; — die gelehrte
Richtung mehrerer neuen deutschen Komponisten verurtheilte
er mit folgender Bemerkung: „Sie fürchten sich angenehm
zu werden und verirren sich aus Angst in Spitalmusik." Es
liessen sich noch viele so geistreiche schlagfertige Antworten,
Urtheile, Aussprüche, die in der Konversation aus seinem Munde
kamen, und deren Sammlung einen grossen Reiz für Jedermann böte, aufzählen; dieselben berühren ebenso die täglichen

Verhältnisse des Lebens, als Gegenstände der Kunst und
Literatur. Nur noch eines Stammbuchblattes wollen wir gedenken, weil es den liebenswürdigen Humor Grillparzer's
beurkundet; es sind einige Zeilen, an die schöne schwäbische
Tänzerin Therese Heberle gerichtet, sie lauten:

> Freund Amor, sag' mir nur,
> Seit wann bist du ein Schwäberle?
> Ob Adelung auch bebe —
> Statt Rosa sagst Du „Reserle"
> Und „Heberle" statt Hebe.

Diese humoristisch-naiven Albumzeilen gehören früheren Tagen an, aus der neueren Zeit (1862) aber datirt
ein Epigramm, entstanden ich glaube anlässlich der Kon-
gresse der Theaterdirektoren, welches weniger gutmüthig,
dafür um so richtiger ist:

> Trotz Angst und Noth euerer Bühnenberather
> Fehlen noch drei Stücke zum deutschen Theater;
> Darnach seht euch vor allem um:
> Schauspieler, Dichter und Publikum.

Das heisst doch mit wenigen Worten Alles sagen und
den Nagel auf den Kopf treffen. *)
Anderes, was ausserhalb der zusammenhängenden Darstellung seines Lebens und Schaffens liegt, aber nicht minder interessant ist, wie z. B. geschriebene Zeichnungen seiner Persönlichkeit, Nachweise über seine zerstreut gedruckten Gedichte, wie ihn selbst die Kunst, die Dichtung und
die Mitwelt gefeiert und immer wieder feiert, eine Uebersicht
seiner Bildnisse, eine kleine Blumenlese seiner Epigramme
u. a. m. findet man in I—X des Anhanges. Wohl hätten wir
Eines noch durchzuführen, nämlich seine, des Dichters Stel-

---

*) Vergleiche übrigens den Anhang S. 59, Nr. IX.

lung zur Weltliteratur, sein Verhältniss zur Menschheit, seine Bedeutung für die Zukunft. Jedoch das ist mehr Aufgabe einer ästhetisch-kritischen als biographischen Studie; übrigens aber kommt uns der Dichter mit seinen eigenen Worten zu Hilfe. Die herrliche Stelle befindet sich in seiner „Sappho", da sie auf ihn ganz zutrifft und zudem mit wenigen goldenen Worten alles sagt, was sich in dieser Richtung sagen lässt, so möge sie diese Skizze schliessen; sie lautet:

> Erhabne, heil'ge Götter!
> Ihr habt mit reichem Segen ihn geschmückt!
> In seine Hand gabt ihr des Sanges Bogen,
> Der Dichtung vollen Becher gabt ihr ihm,
> Ein Herz zu fühlen, einen Geist zu denken
> Und Kraft zu bilden, was er sich gedacht:
> Ihr habt mit Sieg sein würdig Haupt gekrönt
> Und ausgesät in weitentfernten Landen
> Des Dichters Ruhm; — Saat für die Ewigkeit!
> Es tönt sein gold'nes Lied von fremden Zungen
> Und mit der Erde nur wird einst es untergeh'n.

Anhang.

I. Biographien und Biographisches (Quellen).

Gedenke Mein. Taschenbuch (Wien. Pfautsch, 12°). Jahrg. 1847. S. XV—XX.

Album der österr. Dichter. (Wien, Pfautsch, 8°) I. Serie, S. 97. Biographie
G.'s von Otto Prechtler (nach dieser geb. 15. Jänner 1791).

Familienbuch des österr. Lloyd. (Triest, gr. 4°) III. Bd. (1853) S. 370—380:
„Franz Grillparzer" von Heinrich Laube (eine geistvolle literarisch-
kritische Lebensskizze des österreichischen Dichters, ihn gegen das
ungereimte Ignoriren der norddeutschen Literar- und Literaturge-
schichtler, deren jeder spätere den früheren ab- und nachschreibt,
energisch in Schutz nehmend, und dieser duftvollen Blüthe die her-
vorragende Stelle wahrend, welche ihr im deutschen Dichtergarten
gebührt).

Wiener Theaterzeitung, herausgeg. von Adolph Bäuerle. 1857, Nr. 25:
„Vor vierzig Jahren" von A. Silas (eine treffliche, kurze aber Alles
umfassende Lebensskizze. Nach dieser ist G. am 15. Jänner 1785
geboren. Diese Angabe ist unrichtig, das im „Album österr. Dichter"
mit 15. Jänner 1791 angegebene das einzig richtige und durch die
1841 seinem 50. Geburtstage zu Ehren geprägte Erinnerungsmedaille
bestätigte Datum).

Oesterr. Illustrirte Zeitung. (Wien, 4°.) 1852, Nr. 39, S. 307. Biographie
mit Porträt im Holzschnitt.

Frankl (L. A. Dr.), Sonntagsblätter. (Wien, gr. 8°.) VI. Jahrg. (1847)
Nr. 1: „Franz Grillparzer" von J. S. Tauber (eine kurze literarische
Skizze; zu Ende derselben wird eines in einem deutschen Journale er-
schienenen Aufsatzes über G. gedacht, worin neben der Anerkennung
des Dichters mit unzarter Hand in das innerste Leben des Menschen
gegriffen wird).

(Leipziger) Illustrirte Zeitung. herausg. von J. J. Weber. 1846, Nr. 132, S. 30 (daselbst seine Lebensskizze mit Porträt, in einem Tableau, zugleich mit den Porträts von Bauernfeld, Castelli, Deinhardstein, Ebert, Feuchtersleben, Frankl. Grün, Halm, Lenau, Pyrker, Seidl, Stelzhammer, Vogl und Zedlitz) — Dieselbe L. Band. (1869.) Nr. 1288, S. 160: „Deutsche Dichter. Franz Grillparzer." Von H. L. (Hieronymus Lorm?)

Iris. Original-Pariser-Moden-Magazin für Damen (Graz) 1 Dec. 1850 (II. Jahrg.) IV. Bd. Lfrg. 9: „Franz Grillparzer. Eine flüchtige Skizze." (Wahrhaftig nicht mehr!)

Mussestunden. (Wien, Waldheim, 4°.) 1859, Nr. 8, S. 57: „Ein österreichisches Dichterleben." Ein Votivblatt von Julius Schwenda

Europa. Herausg. von Gustav Kühne. (Leipzig, schm. 4°.) 1859, Nr. 48, S. 17, 18 (mit irriger Angabe des Geburtsjahres 1790 statt 1791).

Theaterzeitung. (Wien, gr 4°.) 1860, Nr. 12: „Franz Grillparzer" (gleichfalls das unrichtige Geburtsjahr 1790 statt 1791).

Waldheim's Illustrirte Zeitung. (Wien, kl. Fol.) 1862, Nr. 5: „Grillparzer."

Familienbuch des österr. Lloyd. (Triest, 4°.) 1863. (Neue Folge, 3. Bd.) S. 270: „Franz Grillparzer." Literar-historische Skizze von Thaddäus Lau.

Presse. (Wiener polit. Blatt, Fol.) 1864. Nr 15 im Feuilleton: „Franz Grillparzer. Zu seinem 73. Geburtstage." Von Em. K(uh). Nachgedruckt im Feuilleton der „Süddeutschen Zeitung". (Frankf. a. M.) 1864, Nr. 37 und 39. — Dieselbe 1866, Nr. 61 im Feuilleton: „Grillparzer, der Abtrünnige." Von Austriacus. (Eine Abfertigung unberufener Zweifler an Grillparzer's Deutschthum anlässlich seines Schreibens an die deutschen Studenten in Prag, welche ihm zu seinem 76. Geburtstage ein Ehrendiplom übersandten.)

Constitutionelle österreichische Zeitung. (Wien, Fol.) 1864, Nr. 16 im Feuilleton: „Zu Grillparzer's 73. Geburtstage." Skizze v J G. Eisler.

Tages-Presse. (Wiener polit. Blatt, Fol.) 1870, Nr. 177 im Feuilleton: „Vom Dichter der Esther." Von Bimini. (Enthält neue Züge aus dem Leben und Aussprüche des Dichters.)

Dramaturgische Wochenschrift. Herausg von Klang. (Wien, schm. 4°.) 1869, Nr. 34 und folg. „Grillparzer."

Oesterr. National-Encyklopädie (von Gräffer u. Czikann. Wien, 1835). II. Bd. S. 423. (Erste biographische Skizze über G.)

Gräffer (Franz), Historisch-bibliographisches Bunterlei (Brünn, 1824, kl. 8°.) S. 221.

Conversations-Lexikon (Brockhaus, 10. Auflage) VII. Bd., S 181.

Nouvelle Biographie générale.... publiée sous la direction de Mr. le Dr. Hoefer. (Paris 1853.) XXII. Bd., Sp 62 (dieses und das vorige mit der unrichtigen Angabe des Geburtsjahres 15. Jänner 1790. Wenn dieses Werk sagt: „Sa vie se résume principalement dans les oeuvres remarquables, qu'il a données à la scène allemande und Querard in seinen „La France littéraire" Tom. III. p 477 zu dem Namen des Dichters einfach beisetzt: célèbre poète dramatique allemand du XIX siècle, so haben sie als Werke des Auslandes und über ausländische Literatur mit wenig Worten dem deutschen Dichter ein Recht widerfahren lassen, das Gervinus, Hillebrand, Mundt u. A. demselben gegen alle Gebühr vorenthalten haben).

Meyer (J.), Das grosse Conversations-Lexikon (Hildburghausen 1853, Bibl. Inst., Lex. 8°) XIII. Bd., S. 1028. Eine dürftige Lebensskizze mit dem falschen Geburtsdatum 15. Jänner 1790.

II. Biographisches (Quellen).

Illustrirtes Familienbuch des österreichischen Lloyd. (Triest, gr. 4°.) Bd. III, Heft 1: „Ein Besuch bei Ludwig Tieck." (Enthält Mehreres über Grillparzer.)

Gesellschafter, herausg. von Gubitz. (Berlin, 4°.) 1819, S. 40. „Aus Wien." (Interessante Notizen über G.)

Sonntagsblätter. herausg. von L. A. Frankl. (Wien, 8°.) II Jahrg. (1843), S 103: „Raimund und Grillparzer." — S. 866: „Reise in den Orient." — S. 939: „Gräfin Hahn-Hahn und Grillparzer." — S. 1099: „Rückkehr aus Griechenland." — III. Jahrg. (1844), S. 65 und 560: „Grillparzer's Libussa."

Neue freie Presse. 1866, Nr. 531: „Grillparzer über die Sprachenfrage." (In der Correspondenz aus Prag, ddo. 19. Febr.) — 1867, Nr. 1088 in den „Mittheilungen aus dem Publikum". Von Verus. — Nr. 1096, ebenda. Von Veracissimus. (Ueber G s Bewerbung um einen Posten in der Hofbibliothek.) — 1868, Nr. 1212: „Franz Grillparzer." (Aus Varnhagen's Tagebüchern.) — Nr. 1291: „Ein Wort Grillparzer's" (in der kleinen Chronik). — 1869, Nr. 1765, im Feuilleton: „Aus Alt- und Neu-Wien," von Bauernfeld. Fussreise mit Grillparzer.

Presse. 1866, Nr. 51: „Grillparzer über die Sprachenfrage." — Ebenda Nr. 245 im Feuilleton: „Grillparzer bei Goethe."

Allgemeine Zeitung. (Augsburg, Cotta, 4°.) 1867. Beilage zwischen Nr. 293 — 299: „Kaiser Maximilian und Grillparzer." (Auch im Wanderer 1867, Nr. 270. — Presse, 1867, Nr. 289.)

Stuttgarter literarisches Wochenblatt. 1863, S. 51: „Franz Grillparzer."

Neue Zeit. (Olmützer polit. Blatt) 1864, Nr. 276 im Feuilleton: „Wie Grillparzer zu Sappho und Medea kam." Von Joseph Weilen.

Fremden-Blatt. Von Gustav Heine. (Wien, 4°.) 1868, Nr. 92: „Ein Wort von Grillparzer."

Grazer Zeitung. 1865, Nr. 167: „Eine Begegnung in Baden bei Wien."

Mährischer Correspondent. 1864, Nr. 20: „Grillparzer und Hebbel." (Auch in den Blättern aus Krain, 1864, Nr. 4.)

Constitutionelle österreichische Zeitung. (Wiener polit. Blatt.) 1863, Nr. 286. in der Wiener Chronik: „Grillparzer und Beethoven."

Neues Wiener Tagblatt. 1870. Nr. 19, im Feuilleton: „Vom Theater."

III. Ueber Grillparzer's Namen.

Frankl (L. A. Dr.), Sonntagsblätter (Wien. gr. 8°.) 1846. S. 671, und wieder gedruckt im „Wiener Courier" 1856. Nr. 263: „Der Name Grillparzer" (Holtei's Studio, die Entstehung des Namens des Dichters, der das Einzige an ihm war, was Holtei nicht gefiel, zu erklären.)

Dieselben S. 695 (zweiter durch Holtei's ersten angeregter Versuch, den Namen G.'s zu erklären. Ging Holtei philologisch zu Werke, so schlägt Archieophilis, wie sich der Forscher nennt, den historischen Weg ein).

Wiener Courier (Bäuerle's Theaterzeitung) 1857, Nr. 187: „Der Name Grillparzer" von C. A. K.

In Raffelsperger's topographischem Lexikon der österreichischen Monarchie steht folgender Artikel: „Grillparz, Oesterreich ob der Enns. Hausruck-Kreis: vier, dem Distrikts-Kommissariat Wels, der Herrschaft Traun und Wilhering gehörige Häuser etc.; eingepfarrt nach Holzhausen etc. neun Stunden von Wels entfernt." Wer die Entstehung der Zunamen am Ausgang des Mittelalters und deren Beziehung zu den Ortsnamen (i. e. Stammortsnamen) kennt, wird den Werth dieser Notiz nicht unterschätzen. (Handschriftliche Mittheilung von Herrn Silas.)

Im allgemeinen Adressenbuche von Wien, 1870, herausg. von Lehmann, kommt S. 164, vor: Grillparzer Camillo, pensionirter Beamter, VII. Bezirk u. s. w., dann folgt der pensionirte Hofrath Franz Grillparzer. Ist dieser Camillo ein Verwandter von Franz Grillparzer?

IV. Grillparzer's Persönlichkeit.

Ein treffendes Bild derselben entwirft **Laube**: „Porträts helfen dazu nicht viel, schreibt L., dieser Kopf ist schwer zu treffen und die ganze Haltung gehört dazu und der Wechsel gehört dazu, welcher dies Antlitz und diese Gestalt mit den wechselnden Gedanken plötzlich färbt und bewegt. Die Formen selber nichts Besonderes an diesem Manne von mittlerer Grösse, der unscheinbar dahin streift unter der Menge. Nur die Neigung des Hauptes nach vorwärts und ein wenig nach der Seite, wie man's Alexander dem Grossen nachsagt, hat etwas Eigenes. Das immerwährende stille Sinnen und Trachten scheint dieses Haupt mit seinem jetzt ergrauenden Haare nach vorwärts zu neigen. Das

Auge sieht matt vor sich hin. die Züge des leicht geröteten Antlitzes ruhen still, fast schlaff, und der vor sich hinschauende Dichter wird der vorübergehenden Bekannten des Dichters dann erst inne, wenn er vorüber ist. Da fliegt denn eine liebreiche Theilnahme über des Dichters Auge und Antlitz und die grüssende Stimme klingt weich und angenehm. Redet ihr ihn an, so habt ihr den Eindruck, als hättet ihr ihn gestört und als wäre es ihm lieber, wenn er unaufgehalten weiterschreiten könnte. Aber eine wohlwollende Gemüthlichkeit gibt ihm ein paar freundliche Worte ein, welche fast zerstreut und einzeln an die Luft kommen. Eine Frage indess, welche über den Alltagssteg hinausspringt, fesselt ihn sogleich und angenehm lächelnd und das blaue Auge nun frei und völlig aufschlagend steht er Rede. Jetzt steht der lauschende Dichter mit seinen anmuthigen weiblichen Eigenschaften vor euch: dies wunderschöne grosse Auge ruht klar und lieb auf euch und die weiche Tenorstimme verräth ein weiches, antheilvolles Herz. Er versteht so leicht und so fein, wie ein geschmeidiger Frauenverstand, er antwortet, wenn er bei leidlicher Gesundheit ist, so plötzlich und schalkhaft wie ein Mädchen, er drückt so unwillkürlich seine Besorgniss aus wie ein weiblicher Mund. Geht ihr mit ihm und vertieft sich euer Gespräch, so öffnet sich langsam und immer sicherer und sicherer die reiche Welt von Gedanken, welche von der naiven Frage fort und fort schreitet zur feinen tiefen Bemerkung, zur weiten und prächtigen Anschauung, welche in Eifer geräth, in Wärme und Stärke, ja in Zorn. Jetzt ist dies sanfte blaue Auge fest und nachdrucksvoll, das gebeugte Haupt hat sich erhoben, der Fuss steht still, die Handbewegung und Stimme wird scharf und bestimmt, ihr hört einen Mann, der nach allen Richtungen genau unterrichtet ist und genau weiss, was er will, was man wollen soll."

Oesterr. Parnass, bestiegen von einem heruntergekommenen Antiquar.. (Frey-sing [Hoffmann & Campe in Hamburg] bei Athanasius & Comp., 8°.) S. 20. (Als Curiosum setzen wir die Silhouette, welche dieser Pamphletist von Grillparzer entwirft, her: „Bleich, schwarzes Haar, österreichische Physiognomie, angenehmes Lächeln, trüb, verschlossen, geht viel mit Philistern um (!), grollend, ewig bewegte Phantasie, aus Furcht Patriot (!), classisches Wissen und Studium, wenig Erfindung in seinen Dramen, aber viel Poesie, geliebt und geachtet. bereits unfruchtbar (!!!), zerfallen mit sich selbst und unthätig: Hagestolz".) —

L. v. Alvensleben in seinem „Biographischen Taschenbuche" (Leipzig 1837, 16°.) II. Jahrg. S. 92 bringt eine Federskizze über Grillparzer, welche in E. M. Oettinger's Journal „Argus" (Hamburg, schm. 4°.) 1837, Nr. 96 wieder gedruckt ist, sie lautet: „Auf den ersten Anblick, besonders in einiger Entfernung, unbedeutend. Er ist mittelgross, hat eingefallene Wangen, die Gesichtsfarbe der Leberkranken, tiefe Schwermuth spricht sich in seinen Zügen aus, die sich aber im Gespräche schnell und wunderbar beleben und den Dichter von glühender Phantasie, welcher der deutschen Sprache ihre süssesten Laute abzugewinnen wusste, er-

kennen lassen, doch bleibt ihnen eine gewisse Aengstlichkeit, die
Furcht verletzt zu werden, unverkennbar aufgedrückt; man fühlt, dass
dieser Mann tausend Fühlhörner hat, dass jede noch so leise Berüh-
rung ihn tief verwundet; er ist eine Sensitive. Sein Anzug ist wohlge-
ordnet, ohne gesucht zu sein; er trägt eine Brille." —
Cajetan Cerri in der „Iris" vom Juli 1850 zeichnet folgende Silhouette des
Dichters: „Eine eigenthümliche stille, anspruchslose, fast unscheinbare
Erscheinung: kleine, etwas gebeugte Gestalt mit einem ovalen, ein
wenig nach der Seite hängenden Kopfe: kurzes, graues Haar: kurze
Stirne; freundliche tiefgeprägte Züge: sanfter Blick; dunkles lebhaftes
Auge: schlichter und altmodischer Anzug: im Benehmen äusserst ge-
müthlich, treuherzig, bescheiden, ja fast scheu; seine Gutmüthigkeit
und Zuvorkommenheit mit Allen, namentlich aber mit auftauchenden
Poeten, sind sprichwörtlich geworden, und haben bereits viele schöne
junge Talente unterstützt, aber auch manche Unberufene zur Selbst-
überschätzung verleitet; sein Gespräch ist höchst belehrend, lebendig,
geistreich und klar; man sieht es gleich, dass man es mit einer grossen,
fertigen Individualität zu thun habe, die mit sich selbst abgeschlossen
hat. Anfangs erscheint er etwas wortkarg und kalt: aber gelingt es
uns sein Vertrauen zu gewinnen, so wird sein Wort zu einem frischen
sprudelnden Quell, und sein Gemüth offenbart sich als ein unendliches
Meer, das uns gern in seine perlenreichen Tiefen senken lässt. Er
bleibt am liebsten allein und spricht sehr oft mit sich selbst: kein
Bart; trägt sehr selten Augengläser: macht jeden Abend seinen einsamen Spaziergang, gewöhnlich mit den Händen am Rücken und in
tiefen Gedanken verloren: bei Kleidern, Speisen, Vergnügungen —
kurz, bei allen Erfordernissen des Äusserlichen Lebens ungemein ge-
nügsam und mit Allem zufrieden; als Mensch ein reiner consequenter
Charakter, und die Ehrenhaftigkeit selbst; in der literarischen Welt
unstreitig der erste österreichische Dichter, der noch in der vormärz-
lichen Zeit Oesterreichs Literatur gegenüber dem übermüthigen Auslande muthvoll und siegreich vertrat."

V. Zur Kritik seiner Dichtungen.

a) Allgemeines

Berliner Figaro, 1830, Nr. 237 (9. October): „Das Dichter-Quintett Müllner, Houwald, Grillparzer, Immermann und Raupach" (bestreitet Grill-
parzern die Gabe, antike Stoffe zu behandeln (!) und weist ihn auf
die Bahn des geschichtlichen Dramas). —
Seidlitz (Julius Dr.), Die Poesie und die Poeten in Oesterreich im J. 1836
(Grimma 1837, J. M. Gebhart, kl. 8°.) 1. B. S. 77—88. („Nie hat
Grillparzer, schreibt S., wie Shakespeare, Schiller oder Grabbe
einer grossen Zeit das Gewand seiner Dichtung umgeworfen, doch
darüber wollen wir nicht mit ihm streiten — er lebt und dichtet in

Oesterreich. Ich glaube nicht zu irren, wenn ich behaupte, er hätte seine Dramen zum Munde gemacht, aus dem die Zeit grosse inhaltschwere Worte zu uns gesprochen, wenn er nicht wohl gewusst, dass die Censur schnell ihre Hemmketten um das rollende Rad seiner Rede schlingen würde. Seine südlich glühende Romantik scheint uns ohnehin immer ein Geheimniss zu verschweigen, mag sein, dass es das Geheimniss seiner Brust ist, dessen Wolken sich dunkelgrau an dem Himmel seiner späteren Werke ablagern. Auch darin liegt eine tiefe Eigenthümlichkeit seiner Poesie und seines Wesens, und des Landes und der Religion, der er angehört. Kein protestantischer Dichter vermöchte das Geheimnissvolle so zu realisiren, und auch wieder so in seine Charaktere zu bannen. wie Grillparzer. Auch darin schliesst er sich den Spaniern an und ich irre wohl nicht, wenn ich ihn den Tragöden des Katholicismus nenne, in dessen tiefster Brust ein neuer Calderon schläft... Der Lyriker Grillparzer, kraftvoll, mächtig und ergreifend in seinen Gedichten, ist wenigstens ebenso gross, als der Dramatiker. Seine Dichtung ist subjectiv.") —

Lorm (Hieronymus), Wiens poëtische Schwingen und Federn.... (Leipzig 1847, Grunow, 8°.) S. 89—120. (Eine interessante literarisch-kritische Lebensskizze. Fasst sein geistiges Wirken in folgendes Endurtheil zusammen: „Uebersicht man sein ganzes literarisches Wirken, so glaubt man in das Atelier eines grossen Bildhauers zu blicken, in welchem ein Erdbeben das Meiste umgestürzt hat und von den erhabensten Götterbildern eben nur so viel Göttlichkeit und Reiz übrig liess, um die Vernichtung tief betrauern zu lassen. Ist er schuldig, ist er bloss unglücklich? Man möchte ihn für das erstere halten, wenn man so Herrliches zerstört weiss, weil er nicht Muth oder Kraft hatte, die österreichischen Literaturfesseln abzustreifen; man möchte wieder in Mitleid um ihn vergehen, wenn man ihn trauernd ruhen sieht auf den Ruinen einer Poesie, der eine deutsche Unsterblichkeit aufbehalten gewesen wäre. auf ungebornen Werken, die er, statt sie zu schaffen, in seiner Seele zu Trümmern zerschlagen musste.")

Schmidt (Julian), Geschichte der deutschen Literatur im 19. Jahrhundert (Leipzig 1855, Herbig, gr. 8°.) 2. Aufl. (Charakterisirt die dramatischen Arbeiten G.s einzeln und sagt im Allgemeinen über ihn: „Im nördlichen Deutschland ist Grillparzer wenig bekannt; Oesterreich dagegen ist stolz auf seinen Dichter und hat ein Recht dazu, denn die Reinheit seiner Formen und das Methodische in seiner Composition verdient die vollste Anerkennung.")

Gottschall (Rudolph), die deutsche National-Literatur in der ersten Hälfte des 19. Jahrhunderts (Breslau 1855, Trewendt und Granier, gr. 8°.) I. Bd. S. 181—185. (Ueber die „Ahnfrau" sagt Gottschall: „So wenig sich die Grundlage (auf welcher diese Tragödie fusst) für eine moderne Tragödie eignet, so hat doch die „Ahnfrau" bedeutende dramatische Vorzüge in der Composition, die sich durch engen Zusammenhang auszeichnet und in der Ausführung, der es weder an

psychologisch-interessanten Momenten noch an dichterischem Schwunge
fehlt. Freilich überwiegt nach spanischem Muster die Trochäenlyrik
mit ihren rhetorisch breiten Expositionen und die ganze Handlung
bewegt sich schattenhaft auf der schwarzverhangenen Schicksals-
bühne." — In der „Sappho" findet Gottschall „die Diction mustergil-
tig, von antiker Klarheit, Lieblichkeit und Würde, aber auch von
berauschender Kraft des Ausdrucks. Alle Töne in der Scala der
Leidenschaft sind mit gleicher Virtuosität angeschlagen. Die Färbung
des hellenischen Himmels ist mit grosser Treue gewahrt, ohne desshalb das Stück dem modernen Bewusstsein und der germanischen
Innigkeit zu entfremden. — Die „Medea" steht neben der „Sappho" wie
die weibliche Wildheit neben der Hoheit, die Barbarei neben der
Bildung, die Rache neben der Entsagung, die Leidenschaft, die zer-
störend um sich greift, neben der concentrirten Innigkeit, die sich
selbst verzehrt. In diesen beiden Frauengestalten hat Grillparzer
das gleiche Problem des Herzens in entgegengesetzter Weise gelöst
und dies Problem selbst dramatisch zu fassen, war sein Verdienst,
da er hierin keinen bedeutenden Vorgänger hatte. — „Hero und
Leander" meint Gottschall, „enthält herrliche Einzelheiten, plastische Schilderungen und psychologische Momente von glücklicher
Wahrheit, aber die Einfachheit der Composition ist hier durch zu
wenig Hemmungen und Einschnitte der Handlung gehoben, um aus
einem Gemälde mit einzelnen dramatischen Gruppen eine spannende
Tragödie zu schaffen. — Im „Traum ein Leben", meint Gottschall,
„macht die Fülle der Ereignisse einen schreckhaften Eindruck, wie
ein ängstlicher Traum, man fühlt den Alpdruck der Gewissensangst
aus dem Ganzen heraus. Das skizzirte Traumleben mit seinen ge-
spenstischen Gestalten, dem bunten Knäuel von Begebenheiten, den
Verbrechen des Ehrgeizes löst sich zuletzt in die harmonische Idylle
auf." — In den zwei historischen Tragödien „König Ottokars Glück
und Ende" und „Ein treuer Diener seines Herrn" vermisst Gottschall
die Grösse einer geschichtlichen Weltanschauung und einer wahrhaft
freien Gesinnung (die norddeutschen Kritiker scheinen die wahrhaft
freie Gesinnung immer dann zu vermissen, wenn ein Oesterreicher in
seinen Dichtungen sich auch als Oesterreicher fühlt. Ein eigenthüm-
licher Massstab für die Freiheit des Denkens.) Gottschall findet
ferner „die Treue, die in „Ottokars Glück und Ende" verherrlicht
wird, in ihrem knechtischen Servilismus keineswegs herzerhebend und
das Aufgeben der Menschenwürde und der unbedingte Gehorsam
gegen despotische Willkür bilden seiner Ansicht nach ein wenig
geeignetes Piedestal für einen dramatischen Helden." Nach dieser
Uebersicht der Arbeiten Grillparzer's findet Gottschall des
österreichischen Dichters Begabung durch eine gewisse Engherzigkeit
am bedeutenden Aufschwunge verhindert, obschon sein Talent durch
feinen Kunstsinn geregelt, doch auf einem Niveau mit den grössten
unserer nachklassischen Zeit steht.)

Warm und wahr ist die ästhetisch-kritische Lebensskizze Grillparzer's von **Heinrich Laube.** Wir verweisen auf dieselbe als auf das Beste, was über ihn geschrieben worden. „Tausende," schreibt Laube, nachdem er die reizende Lage und Landschaft Wiens geschildert, „sehen das und erleben auch Gedankenanfänge und gehen unter. Einer von ihnen trägt den Zukunftskeim unzerstreut nach Hause, weil er nicht leicht zugänglich, weil er nicht schwatzhaft ist, weil der dichterische Keim seine Muschel bedrängt. Ueber diesen Einen schalten und schelten denn auch die tausend Vorübergehenden, dass er so sonderbar, ja verdriesslich sei, kurz, dass nichts mit ihm anzufangen sei. Nein, die Masse weiss nichts mit ihm anzufangen, er wird ein Dichter und sein Name steigt aus der Masse empor. Dieser heisst Franz Grillparzer....Italien und Griechenland waren G.s Geiste innig vertraut. Man kann diesem formreinlichen Zuge, dieser keuschen Liebe classischer Anschauung durch alle seine Werke folgen. Sie ist dem Kurzsichtigen klar in „Sappho", in der „Medea", in „Hero und Leander". — „Des Meeres und der Liebe Wellen", — sie ist aber auch ersichtlich in den Schöpfungen, welche den Bürgersohn einer altgeschichtlichen und romantischen deutschen Stadt, welche den Sohn eines völkerreichen und darum bunten Staates bezeichnen, den Verfasser „Ottokars", welcher auf dem Marchfelde erlag, den Verfasser des Banebanus — „Treuer Diener seines Herrn". — den Verfasser des altdeutschen „Weh' dem, der lügt", den Verfasser des orientalischen „Traum ein Leben". In allen diesen Stoffen waltet der klassische Sinn sauberer, sorgfältig abgeglätteter Form, der Sinn für einfach feine Gedanken."...Treffend und kurz erklärt Laube, wie es kam, dass eine solche poetische Grösse, wie Grillparzer, so lange in Deutschland unbekannt bleiben konnte: „Dass Grillparzer ein Oesterreicher ist und seinen Wirkungskreis immer nur in Oesterreich gesucht, das hat allerdings wesentlich beigetragen, ihn unkenntlich zu erhalten für die Kritik deutscher Literatur. Der Mangel an Verbindung zwischen Oesterreich und Deutschland war gross, die in Deutschland zur Schau getragene Geringschätzung für österreichische geistige Grössen war nicht minder gross und der Mangel an nachdrucksvollen Stimmen aus Oesterreich, welche die Leute jenseits der mährischen und böhmischen Grenzgebirge hätten aufklären und überzeugen können, war noch grösser. Sowie in Deutschland die Kritik überwucherte, so stockte sie in Oesterreich und die Prosa, das Ergebniss des lebhaften Geistesverkehres, entwickelte sich nicht. Darunter musste der Ruhm einer österreichisch-poetischen Grösse bitterlich leiden."...Laube schliesst die Lebensskizze mit einer eben auf Grillparzer ganz anwendbaren, aus der Beobachtung einer Naturerscheinung geschöpften Bemerkung. Nachdem Laube die Perlenbildung der Muschel poetisch erklärt, als sammelte nämlich die Muschel auf Kosten des sinnlicheren Lebens alle edleren Bestandtheile in einen Punkt, welcher Perle wird, und

welcher den Menschen reizender und werthvoller erscheint, als alles
übrige Gehäuse und Leben, schliesst er: „Wenigstens hat Grillparzer wenn durch nichts Anderes, dadurch seinen Dichterberuf an den
Tag gelegt, dass er sein ganzes Leben hindurch immer seine edel-
sten und reinsten Bestandtheile verdichtet und verklärt hat auf seine
eigenen Kosten — zur Freude und zur Erhebung sinniger Menschen.
Er ist eine Perle geworden für sein Vaterland.“

Gervinus (G. G.). Geschichte der deutschen Dichtung (Leipzig, Engel-
mann) 4. Aufl. V. Bd. S. 595, 624 und 632. (Das Urtheil des grossen
Literatur-Geschichtschreibers der deutschen Nation über Grillparzer hieher zu setzen ist unnöthig. Es ist nichtig, von der Parteilei-
denschaft des Norddeutschen gegen alles Süddeutsche irregeführt, ja
es erweckt sogar Zweifel, ob Gervinus die Werke Grillparzer's
alle gelesen, weil in diesem Falle selbst die kühle norddeutsche Re-
flexion zu wärmeren Ausdrücken und Ansichten über den Genius des
süddeutschen grossen Dichters gekommen wäre.)

Morgenblatt (Stuttgart, 4°) 1819, Nr. 3. Im Aufsatze: „Unternacht-Gedan-
ken über den magnetischen Weltkörper im Erdkörper. Nebst neuen
magnetischen Gesichtern“ von Jean Paul kommt folgende Stelle
vor: „Neue gute Tragödiensteller (z. B. Werner, Grillparzer in
der „Ahnfrau“) stellen die von ihnen gebornen Personen in den letzten
Akten häufig auf den Kopf und nie ohne Erfolg — was körperlich
mit der Faulbrut bei den Bienen geschieht, wenn diese ihre Bienen-
maden in den Zellen mit den Köpfen unten legen, nur dass sie dann
nicht heraus können — sondern verfaulen — aber mit doch grösserem
Erfolge werden Tragiker eingreifen, welche den neuen Ultra- oder
Uebertheologen sich anschliessend, ihren Kindern nicht einmal etwas
geben, worauf sie zu stellen wären.“

Wienerbote. Beilage zu Dr. L. A. Frankl's Sonntagsblättern 1848. Nr. 2,
S. 10: „Grillparzer's männliche und weibliche Charaktere.“

Oestr. Blätter für Literatur und Kunst. 1856. Nr. 5 u. f.: „Grillparzer's
Dramen. Eine kritische Studie.“

Neue freie Presse 1865 Nr. 1212 im Feuilleton: „Zur Würdigung Grillparzer's.“ Von M. M. — 1870. Nr. 1932 im Feuilleton: „Wien und
Oesterreich in Grillparzer's Dichtung“ von Em(il) K(uh).

Tagesbote aus Böhmen (Prager polit. Bl.) 1865, Nr. 94 im Feuilleton.
„Oesterreichische Dramatiker“ von Lud. J. Bayer. — Der Urtheile von
Börne über Grillparzer ward bereits in der Lebensskizze gedacht.

b) Zur Kritik und Geschichte seiner einzelnen Dramen.

I. Die Ahnfrau. Zum ersten Male aufgeführt am 31. Jänner 1817 im
Theater an der Wien zum Vortheile der k. k. Hofschauspielerin
Sophie Schröder. — Die Besetzung war folgende: Borotin: Herr
Lange, k. k. pens. Hofschauspieler, als Gast: Bertha: Frau Sophie

Schröder; Jaromir: Herr Heurteur; Boleslaw: Herr Küstner; Hauptmann: Herr Demmer; Friedrich, Soldat: Herr Schmidtmann. Decorationen von Gail, De Pian (Vater); Costum von Phil. von Stubenrauch. — Die „Ahnfrau" ist seit ihrer ersten Aufführung bis 1848 über 60mal im Burgtheater gegeben worden. In den politischen Stürmen der folgenden Jahre blieb sie liegen, bis sie Laube, dem wir die Wiedereinsetzung des grossen österreichischen Dichters in sein Bühnenrecht verdanken, 1851 wieder auf das Repertoire brachte. — Ueber die „Ahnfrau" vergleiche: Börne (Ludwig), Gesammelte Schriften (Hamburg, 1840, Hoffmann u. Campe, kl. 8°.), 2. Aufl. II. Thl. S. 24. Das Urtheil des geistreichen Börne über das Trauerspiel stand zuerst in der von ihm redigirten „Wage". — Theaterzeitung 1818, Nr. 14—16. — Dieselbe 1800 Nr. 14 in den Kunstnotizen (anlässlich des Vortrages von Laube in der grünen Insel). — Sammler (Wiener Unterhaltungsblatt, 4°.) 1818 Febr. — Uebrigens rief dieses Stück gleich in den ersten Jahren, die seiner Aufführung folgten, einen förmlichen kritisch-literarischen Sturm in der deutschen Journalistik hervor, es wurde, wie einer seiner Biographen schreibt, „damals und später viel Tolles und Gelehrtes, Absurdes und Schönes über dieses erste Werk" G s allerorten geschrieben. — Bemerkenswerth ist die Vorrede, welche G., nachdem man seine „Ahnfrau" mit dem Bannworte „Schicksalstragödie" in ein Schema eingesargt, zur ersten Ausgabe derselben geschrieben, worin er unter Anderem ausdrücklich erklärt: „die Schule nicht zu kennen, zu der man ihn zu zählen beliebt, und nicht zu wissen, mit welchem Rechte man einen Schriftsteller, der ohne Anmassung und ohne Zusammenhang mit irgend einer Partei zum ersten Male im Publikum auftritt, Ungereimtheiten zur Last legt, die von Andern, sei es auch zu seinem Lobe, gesagt werden mögen." — Ueber das literarische Leben in jener glücklichen Zeit, als die „Ahnfrau" gegeben worden, über den Antheil, den die damaligen Schriftsteller an dem Erstlingswerke des jungen Dichters nahmen, vergleiche man die anregend geschriebene Skizze: „Vor vierzig Jahren (31. Jänner 1817) von A. Silas in der Theaterzeitung 1857, Nr. 25. — Eine französische Uebersetzung der „Ahnfrau" erschien unter dem Titel: „L'aïeule, tragédie en 5 actes, trad. de l'allem. (en prose) par un membre de la société littéraire de Genève" (Genève 1820, Marc Sestié fils, 8°). — Von der „Ahnfrau" bestehen auch englische, italienische, schwedische Uebersetzungen; ferner eine polnische unter dem Titel: „Ostatni z domu Borotyńskich" und eine čechische von Jos. V. Špot, betitelt: „Pramáti, Smutnohra v 5 jednáních" (Prag, 1824, Neureuter, 8°.), und ist sie auf den Bühnen in England, Italien, Polen und Schweden mit ungetheiltem Beifall und nachhaltigem Erfolge gegeben worden. — Eine Parodie zur „Ahnfrau" gab Adolph von Schaden heraus, betitelt: „Die Ahnfrau, ein musikalisches Quodlibet tragi-komischer Natur." (Vergl. das literar. Conversationsblatt 1818. S. 163.) — Betreffs der „Ahnfrau" ist noch auf

eine Stelle in der Ersch und Gruber'schen Allgem. Encyklopädie
der Wissenschaften und Künste (Leipzig, 1822. Gleditsch, 4°.) I. Sect.
38. Thl. S. 18 aufmerksam zu machen, in welcher der rheinische
Antiquarius, Herr von Stramberg, gelegentlich des Artikels über
die Familie Esch das Folgende sagt: „Karl Friedrich Freiherr von
Esch.... hinterliess aus zwei Ehen eine zahlreiche Nachkommen-
schaft und ist Franz Freiherr v. Esch, Oberst in k. k. Diensten und
Commandant des Kürassierregimentes Kaiser Nr. 1, vielleicht auch
das Bild, welches dem Dichter der Ahnfrau (Grillparzer)
für seinen Jaromir von Esch vorschwebte, einer von dessen
Söhnen.“ — Als eines Curiosums sei hier noch einer kleinen Notiz gedacht,
welche Herausgeber einer handschriftlichen Mittheilung des Herrn Silas
verdankt. Sie lautet: „Das Fremdenblatt vom November 1862 enthält: Die Verpachtung des gutsherrlichen Schlosses zu Borotin sammt
Provenienzen im Brünner Kreis, ausgeschrieben von der freiherrl.
Simon von Sina'schen Güter-Direction in Wien.“

2. Sappho. Zum ersten Male aufgeführt am 21. April 1818 im Hofburgtheater; seit dieser Zeit bis 1848 ist „Sappho“ an derselben Bühne
über 50mal gegeben worden. Nachdem sie in den Jahren der politischen Wirren für einige Zeit von der Bühne verschwunden war,
brachte sie Laube 1852 wieder auf's Repertoire. — Vergleiche darüber
Börne (Ludwig), Gesammelte Schriften (Hamburg, 1840, Hoffmann und
Campe, kl. 8°.) 2. Aufl. II. Thl. S. 96—109. Börne leitet seine Kritik
über „Sappho“ mit folgenden Worten ein: „Vor etwa zwei Jahren wurde
uns diese Tragödie mit dem Spiele der Frau Schröder gleichzeitig
bekannt. So empfingen wir eine köstliche Frucht in goldener Schale mit Dank und Freude aus den Händen der grossen
Künstlerin.“ Nach einer in scharfen Zügen gegebenen Uebersicht des
Stückes und des Hauptcharakters: der Sappho, fährt Börne fort:
„Doch schon zu lange habe ich in diese Sonne gesehen, um ihre Flecken
zu ergründen: geblendet senke ich den Blick, mich ferner nur ihrer
Wärme und ihres Lichtes zu erfreuen. Welche tiefe, doch nicht ein-
schneidende, verwundende, nur vordringende Blicke hat der Dichter
in das weibliche Herz geworfen! Von dem Dornenritze jener Rose,
die Sappho's Herz blutig anstreift, bis zu der Entführung Melittens,
der es durchbohrte — wie wahr, schön und naturtreu ist das Alles
vorgebildet! . Wenn mir auch das Gebot des Dramaturgen, eine
dramatische Handlung dürfe eine gewisse Bühnenlänge nicht über-
schreiten, sonderbar erscheint, da ich erwäge, dass doch dem Maler
verstattet ist, eine meilenweite Landschaft in einen fussengen Rahmen
zu sperren, wenn nur Licht und Schatten, Grössenverhältniss und
Fernsicht beobachtet sind — so rühmlich bleibt doch, dass der Dichter „Sappho's“ jene Forderung so völlig zu bewahren verstand. Innerhalb eines Tages und einer Nacht sieht man den Keim, das Wachsen, die Blüthe, die Frucht, das Hinwelken der Liebe; die Natur
selbst hatte keiner längeren Zeit bedurft.“ Und nachdem Börne noch

kurz die einzelnen Charaktere des Phaon und der Melitta skiz-
zirt, schliesst er: „Soll ich noch sprechen von dem holden Zauber in
allen Reden unseres Dichters? Von dieser bald milden, bald glühen-
den Farbenpracht, von der Schönheit und Wahrheit seiner Bilder,
von der Tiefe und Wärme seiner Empfindungen? Dieser wundervolle
paradiesische Garten ist genug gepriesen, wenn ich ihn dem Frucht-
markt anderer neuen Dichter gegenüberstelle. Dort findet sich des
Vollkommenen gar viel für Küche und Magen, nur nichts für Herz
und Phantasie. Zierliche Weltweisen, sind sie mit Lob zu nennen,
welche Bücherschränke voll guten Verstandes mit Blumenguirlanden
umhängen, oder wohl auch einer saftigen Frucht, ein abgerissenes
grünes Blatt unterlegen oder essliche Kuchen mit Dragen bestecken
— aber Dichter sind sie nicht. Grillparzer ist ein Dichter.“ —
Ausserordentliche Beilage zum Notizenblatte des „Sammlers“ 1818,
zu Nr. 51: dann Hauptblatt Nr. 52 und 53 und ausserordentliche
Beilage zu Nr. 54 (eingehende Besprechung der ersten Aufführung
dieser Dichtung). — Wiener Zeitschrift für Kunst, Literatur, Theater
und Mode. 1820, Nr. 130 und 131: „Ueber das antike Costüm in
Grillparzer's Sappho“ von Böttiger. — Chronik der österr. Literatur
(Beilage zu Hormayr's „Archiv“) 1819, Nr. 21. — Morgenblatt
(Stuttgart. 4°.) 1818. S. 1155: „Grillparzer's Sappho und Phaon.“
(Versuch darzustellen, wie G. selbst diese zwei Charaktere aufgefasst
hat.) — Dasselbe 1819. S. 252 (in der Correspondenz aus Wien). —
Literaturblatt (Beilage des „Morgenblattes“) 1819, Nr. 18. — Literar.
Wochenblatt (Leipzig. 4°.) 1819, IV. Bd. Nr. 13 (August). — Der
Humorist, herausg. von M. G. Saphir. 1840. Nr. 222 (9. Nov.):
„Didaskalien“ von M. G. Saphir. (Besprechung einer Aufführung
dieses Stückes im Burgtheater.) — (Hamburger) Originalien. 1818,
Nr. 152. Der Recensent der „Sappho“ in diesem Blatte klagt über
Schreibfehler in dem Stücke und verbessert eine Stelle im 3. Acte:
Böttiger weist in der „Abendzeitung“ (1818, December) den
Verbesserer zurecht. — Eine französische Uebersetzung der „Sappho“
erschien unter dem Titel: „Sappho, tragédie en 5 actes et en vers,
trad. de l'allem. par de L***“(Paris 1821, Barba, 8°.) — Das Journal
des Débats. 1818, 1 Juni bringt einen komischen Bericht über den
Erfolg der ersten in Wien stattgehabten Aufführung der „Sappho“
von Gripalzer, wie der Dichter genannt wird, der im 5. Acte
gekrönt und dann in Procession in die Wohnung geleitet worden
sein soll! Der Referent scheint nicht zu wissen, dass man bei uns
nur Tänzerinnen abgöttische Ehren erweist: mit den Poeten macht
man es sich bequemer. Unter den übrigen Abgeschmacktheiten, welche
das „Journal des Débats“ bringt, steht auch die von einer beträcht-
lichen zu Gunsten des Dichters eröffneten Subscription, welche in
wenigen Stunden vollendet war!! — Gräffer (Franz), Historische
Unterhaltungen (Wien. 1823, 8°.) S. 45: „Ein Franzose über Grillparzer's Sappho.“ — Eine italienische Uebersetzung gab Guido So-

4 *

relli unter dem Titel: „Saffo, Tragedia" (Florenz 1819. 16°.) heraus.
— Eine gelungene englische Uebersetzung der „Sappho" ist schon
1822 in London bei Black erschienen. — Eine zweite Uebersetzung
erschien unter dem Titel: „Sappho, a Tragedy by Fr. Grillparzer,
translated by L. C. C." (Edinburg, 1855, Constable). (Vergl. Wiener
Conversationsblatt. Theaterzeitung) 1855, S. 1113. — In neuester Zeit
wurde in Nordamerika eine englische Uebersetzung von G.s „Sappho",
ausgeführt von Miss Edda Middleton und 1858 bei Appleton & Comp.
in New-York ausgegeben. (Zwischenact 1858, Nr. 59.) — Parodie
der „Sappho": „Die moderne Sappho" von Adolf v. Schaden. (Vergl.
Haller, Literatur-Zeitung, 1819, Nr. 159. — Literarisches Wochenblatt. IV. Bd. (1819.) Nr. 13. (Die Niedrigkeit und der Schmutz selbst.)

3. **Das goldene Vliess.** Zum ersten Mal aufgeführt 26. u. 27. März 1821 im
Burgtheater. Am 26. „Der Gastfreund" und die „Argonauten" zum
Vortheile der Regie; am 27. „Medea" zum Vortheile des Verfassers.
Nachdem es Decennien in der Theaterbibliothek dem Staube Preis
gegeben war, zog es Laube 1857 wieder an's Lampenlicht und der
glänzende Erfolg rechtfertigte diese rettende That. — Vergleiche über
die Trilogie: Der Wanderer (Wiener Blatt, 4°.) 1821, S. 155 u. f.
(Ausführliche Besprechung dieser Trilogie.) — Zeitung für die ele-
gante Welt. 1821, Nr. 78 - 80. (Bericht aus Wien über die Darstellung und die Dichtung selbst.) — Dieselbe 1821. S. 844 und
1822, Nr. 151 u. 152. — Wiener Zeitschrift für Literatur etc. von
Joh. Schickh. 1821, Nr. 46. — Das anfängliche Verhalten der
Kritik gegenüber diesem Stücke hatte jene Geringschätzung der
Grillparzer'schen Muse zu Folge, welche sich einige Zeit breit
machen wollte. G. selbst nahm dies mitleidig lächelnd hin. Aber seine
Werke blieben seitdem ausserhalb Oesterreich leider fast unbekannt.

4. **König Ottokars Glück und Ende.** Zum ersten Male aufgeführt 19. Februar
1825 im Burgtheater zum Benefice der Regie. Bei der Aufführung dieses
Stückes machte sich zuerst in Wien eine grossösterreichische
Partei geltend. Ihr Organ war damals das Hormayr'sche „Archiv",
ein Blatt, welches Liebe zum Vaterlande, Treue für den Thron und
die Dynastie, kurz alle Bürgertugenden weckte, ein Blatt, welches
Wien besass, als man daselbst kaum anderthalb Dutzend Blätter
druckte und das Wien fehlt zu einer Zeit, da in demselben über 200
Blätter erscheinen. Hormayr's Archiv für Geschichte, Statistik ···
(Wien, 4°.) 1825, brachte Nr. 22 u. f. S. 114—22: S. 123—27 und
S. 309—322 eine ausführliche kritisch-ästhetische Studie über „Ottokar".
— Der Gesellschafter von F. W. Gubitz, 1825, S. 579 u. 583. Be-
sprechung von Ernst Grosse; — und früher schon im Beiblatt dazu:
Zeitung der Ereignisse und Ansichten. 1825, S. 273: „Miscellen aus
Wien." —Abendzeitung, herausg. von Th. Hell (Hofrath Winkler)
1825, Nr. 62, 63. — (Stuttgarter) Morgenblatt. 1825, S. 327: „Cor-
respondenz aus Wien 28. Februar 1825." — Zeitung für die elegante
Welt 1825, Nr. 121: „Literarische Rapports." — Literaturblatt von

Menzel (Beilage des „Morgenblattes") 1825, Nr. 36, 37. Besprechung
von Müllner. — Heinrich Anschütz, Selbstbiographie (Wien 1866)
S. 298—300. — Die unter dem Titel „Parabasen" im „Kometen" 1843,
Nr. 1 enthaltenen epigrammatischen Reimereien bringen auf den
„Ottokar" folgende Reime:

Hättest Du an Ottokaren Dich nicht allzusehr vergangen,

Würd' es nach histor'schen Dramen wohl die Welt von Dir verlangen. (!!)

5. **Ein treuer Diener seines Herrn.** Zum ersten Male aufgeführt am 28. Februar 1828 im Burgtheater. Das Stück wurde für ein Parteistück gehalten, und merkwürdig in einer politisch todten Zeit von einem Ge-
sichtspunct aufgefasst, der in einer politisch vielbewegteren — die
denn doch das J. 1851 war, in welchem es wieder auf der Bühne erschien. — dessen Aufführung nicht beirrte und den ungetheilten Beifall,
mit dem es aufgenommen ward, nicht schmälerte. — Wochenschrift
für Kunst und Literatur, herausgeg. von Aimé v. Wouwermans
(Graz, 8°.) 1850. Nr. 8; (ein Urtheil Ernst von Feuchtersleben's
über dieses „Lieblingswerk" G s). — Theaterzeitung, herausg. von
Ad. Bäuerle. 1851, Nr. 277. (Besprechung dieser Dichtung, nachdem
Laube dasselbe — da es zwei Decennien nicht gegeben worden —
am 18. October 1851 wieder zur Aufführung brachte.) — Oestr. Blätter
für Literatur u. Kunst. Nr. 43—45, 1853. S. 248 u. f. (eine ausführliche ästhetisch-kritische Studie von Alexander Gigl). — Von Uebersetzungen ist mir eine čechische von Wenzel Pok bekannt; ob sie
auch gedruckt ist, weiss ich nicht, aber aufgeführt wurde das Stück
im čechischen Theater Prags im J. 1855.

6. **Des Meeres und der Liebe Wellen.** Zum ersten Male aufgeführt am
3. April 1831 im Burgtheater. Nach wenigen Aufführungen verschwand
das Stück von der Bühne. Frau Bayer-Bürck hatte sich dann die
Rolle der Hero zu eigen gemacht und so kam es 1852, als die grosse
Künstlerin auf der Wiener Hofbühne gastirte, nach 20jähriger Ruhe
wieder zur Aufführung und welch' ein Erfolg ward dem Stücke, das
seit diesem Abend der deutschen Bühne zurückerobert ward! — Vergleiche darüber: Hormayr's Archiv für Geschichte, Statistik .....
1831, S. 219 u. f. (Ausführliche Besprechung des Trauerspiels.) —
Blätter für literarische Unterhaltung. 1840, Nr. 210. — Abendblatt zur
Neuen Münchener Zeitung. 1856. Nr. 250. Ein Auszug daraus in der
„Donau" (Wiener polit. Blatt) 1856, Nr. 199. — Ueber das eigenthümliche Schicksal dieser Liebestragödie an zwei verschiedenen
Bühnen: Wien und Dresden, an denen beiden die „Hero" von Frau
Bayer-Bürck gespielt wurde, siehe das „Oestr. Familienbuch" III.
Bd. S. 376 u. 377 von H. Laube. — Auch von diesem Stücke ver-
anstaltete Wenzel Pok eine čechische Uebersetzung, welche im J.
1855 im Prager čechischen Theater gegeben wurde.

7. **Der Traum ein Leben.** Zum ersten Male aufgeführt am 4. Oct. 1834 im
Burgtheater. Bis zum Jahre 1848 ist es 50mal gegeben und 1850
wieder aufgenommen worden, seinen früheren Zauber bewährend;
noch heute ist es ein Lieblingsstück des Wiener Publikums, und

treffend bemerkt La u b e, dass man in Rustan und Zanga einem heimathlichen Faust und Mephisto begegne. — Vergleiche ferner über
dieses Stück: Wiener Zeitschrift für Literatur, Kunst, Mode, herausgeg.
von Schickh. 1833, S. 973 (Besprechung der ersten Aufführung). —
Blätter für literar. Unterhaltung. 1840, Nr. 710. — Theaterzeitung
von Adolph Bäuerle. 1858, S 804: „Grillparzer und der Herzog von
Rivas" (wird die irgendwo ausgesprochene Ansicht, G. habe einem
Stücke des Herzogs von Rivas „El desenganno en un suenno", d. i.
Die Enttäuschung in einem Traume, das Sujet seines „Traum ein Leben" entnommen, mitgetheilt und diese Ansicht treffend mit der Frage
abgethan, ob denn nicht der Herzog von Rivas der Dichtung G.s
den Stoff für sein Stück entnommen habe; was auch der Fall sein
soll). —

8. Weh' dem, der lügt. Zum ersten Male aufgeführt am 6. März 1838 im
Burgtheater. Obwohl drei Jahre früher der Dichter ein Werk darge-
bracht, worüber das Publikum in Entzücken gerieth, so liess es doch
dieses neue Stück unbarmherzig misshandeln. Es hatte dieses geist-
reichste Stück des Dichters nicht verstanden, wozu die verfehlte Aufführung wesentlich beitrug. — Vergleiche über das Stück: Morgenblatt (Stuttgart, 4°.) 1838, S. 412: „Grillparzer's Lustspiel" (in einer
Correspondenz aus Wien). — Blätter für literarische Unterhaltung.
1840, Nr. 210. — Der Adler. herausgeg. von Gross-Hoffinger
(Wien, gr. 4°.) 1838, Nr. 235. — Der Humorist, herausg. von M.
G. Saphir. 1838, Nr. 40 (10. März). — Wiener Zeitschrift. herausg.
von Witthauer. 1838, S. 251. — Eine böhmische Uebersetzung des
„Weh' dem, der lügt" von J. K. T. erschien unter dem Titel: „Běda
lhářům, aneb: kuchtik biskupa Velehradského" (v Hradci král. 1839):
sie war zuerst im Unterhaltungsblatt „Květ" 1839 abgedruckt: der
Uebersetzer ist Jos. Cajetan Tyl.

9. Libussa. Vorspiel. Aufgeführt am 29. November 1840, dann im Quaitheater
am 5. Mai 1861. Vergleiche darüber: Vaterland. (Wiener polit. Blatt.)
1861, Nr. 106 im Feuilleton: „Libussa, von Franz Grillparzer." (Besprochen von sp (eidel?) Daselbst heisst es u. a.: „In sein richtiges
Licht würde dieses Vorspiel erst durch die Rückstrahlungen des
Hauptdramas gestellt werden. Reizende Einzelheiten indessen, feine
Züge, wohlberechnete Wirkungen und ein ungewöhnlicher Stimmungs-
zauber sind auch in dieser Arbeit, wie kaum erst zu versichern, nicht
zu vermissen."

10. Die „Esther", aufgeführt zum ersten Male in einer Akademie am 29.
März 1868. Vergleiche darüber: Neue freie Presse. 1868, Nr. 1288, im
Feuilleton: „Grillparzer's Esther," besprochen von Heinrich Laube.
Laube will dieses Fragment nicht als Fragment gelten lassen. „Ist
es denn eines? Ich finde, die Vorstellung hat es erwiesen, dass es
ein Stück ist, nicht ein Fragment. Einige breitere Vorbereitungen im
ersten Akte, welche allerdings für ein längeres Stück angelegt sind,
brauchen nur abgekürzt zu werden, und es entsteht auch die wün-

nchenswerthe Symmetrie und ein zweiaktiges Stück ist abgerundet. Es
liegt da seit langen Jahren beim Dichter als Fragment, weil der Dichter klar oder unklar empfunden hat, dass er sich mit dieser grossen,
und was die Hauptsache ist, mit dieser abschliessenden Liebesscene
die Fortsetzung erschwert, wenn nicht vergeben hat. Ich meine: vergeben. Die höchste Karte ist ausgespielt, was kann nun kommen?
Prüfungen? Rückgänge? Sie werden abfallend, nicht steigend erscheinen, und so wie König und Esther angelegt sind, müssen sie
schliesslich doch vereinigt werden, oder es muss ein Trauerspiel ent-
stehen, dessen wohlthuende Kraft nicht abzusehen ist nach dem was
vorliegt." Und so hätte denn endlich, schliesst Laube seinen geistvol-
len Bericht über die Aufführung, die Saison einen **poetischen Son-
nenblick gewonnen, und der ihn gespendet, heisst wiederum Franz
Grillparzer, Oesterreichs Stolz und Erquickung."**

VI. Zerstreute Dichtungen Grillparzer's.

Da eine Sammlung von Grillparzer's Gedichten nie erschien, so dürfte dieser
freilich nicht ganz vollständige Nachweis von Gedichten, die in Zeit-
schriften und Almanachen seit Jahren abgedruckt waren, den vielen Verehrern seiner Muse nicht unwillkommen sein: In der **Aglaia.** Taschenbuch
(Wien, Wallishausser, 16°.) 1819: „An einen Freund" (S. 149): —
„Des Kindes Scheiden" (S. 202): — 1820: „An Bellinen, bei Ueber-
sendung einer Spielschuld" (S. 132): — „Erinnerung" (S. 176); —
„Abschied von Gastein" (S. 214): — „Kennst du das Land?" (S. 286) ;
— „Zwischen Gaeta und Kapua" (S. 291): — „Am Morgen nach
einem Sturm" (S. 293); — 1821: „Der Genesene" (S. 12); —„Früh-
lingsgedanken" (S. 62); -- „Die Wunderbrunnen" und „Auf eine ge-
schenkte Schale" (S. 161); — „Werbung" (S. 172); — „Vorzeichen"
(S. 262): -- „Abschied" (S. 285); — „Beruhigung" (S. 297): —„Am
Hügel" (S. 300): — 1822: „Die tragische Muse. Vor Vollendung des
Trauerspiels Medea" (S. 3): — „Das Spiegelbild" (S. 13); — „Schalkheit" (S. 80): — „Als sie zuhörend am Clavier sass" (S. 125); —
„An der Wiege eines Kindes" (S. 178); — „Allgegenwart" (S. 243):
— 1823: „Versäumt" (S. 257): — „Todeswund" (S. 258); — 1827: „Decem-
berlied" (S. 161): — „Entzauberung" (S. 162); „Bitte" (S. 163); — 1828:
„Das Kloster bei Sendomir," Erzählung (S. 65); — „Beethoven" (S. 210); —
1829, „Spaziergänge": 1. Bachesgemurmel; 2. Pflanzenwelt; 3. Im
Gewächshause; — in der **Thalia.** Herausg. von J. N. Vogl (Dirn-
böck 1832 (XXXIX. Jahrg.): „Bretterwelt" (S. 246): — 1853
(XL. Jahrg.): „Wanderscenen" (S. 239); — 1835 (XLII. Jahrg.);
„Ein Hochzeitgedicht" (S. 177): — 1836 (XLIII. Jahrg.): „Alma von
Goethe" (S. 157); — „Lebensregel" (S. 224); -- 1837 (XLIV. Jahrg.):
„Böses Wetter" (S. 156); 1839 (XLVI. Jahrg.): „Naturscene" (S. 180) ;
— „Intermezzo" und „Ablehnung" (S. 181); „Reiselust" (S. 182); —
in der **Vesta,** Taschenbuch für Gebildete (Wien, F. Ludwig) 1831

(1. Jhrg.): „Die Begegnung" (S. 105); — **1834** (IV. Jahrg.): „Die
Unschuld" (S. 8); — 1833 (V. Jahrg.) S. 23—56: „Tristia ex Ponto":
1. Böse Stunde; 2 Polarscene; 3 Frühlings Kommen: 4. Reiselust;
5. Der Fischer; 6. Verwünschung; 7. Verwandlungen; 8. Die Porträt-
malerin; 9. Trennung: 10. Sorgenvoll; 11. Ablehnung; 12. Intermezzo: 13. Noch einmal in Gastein; 14. Naturscene: 15. Jugend-
erinnerungen im Grünen; 16. Freundeswort; 17 Schlusswort: im
Album östr. Dichter (Wien 1850, Pfautsch u. Voss, 8°.) I. Serie:
„Abschied von Gastein" [1818] (S. 108), auch in der Zeitung für die
elegante Welt 1820, Nr. 105: — „der Bann" (S. 109): — (S. 109);
„Werbung" (S. 111); — „Kennst du das Land" [März 1819] (S 112);
— „Die Ruinen des Campo Vaccino" (S. 113). auch abgedruckt in
Karl August Schimmer: Kaiser Joseph II. (Wien 1853. Dirnböck)
5. Aufl. S. 318 unter dem Titel: Alt- und Neu-Rom: — „Am Mor-
gen nach einem Sturm" (S. 118): — „Incubus" (S 118); — „Beet-
hoven" [1827] (S. 120); — „Trennung", aus dem Cyclus: Tristia
ex Ponto (S. 124): — „Abschied von Wien" [1843] (S. 126); —
„Mein Vaterland, März 1-48" (S. 127); — „Feldmarschall Raletzky"
[Juni 1848] (S 128); — „Epigrammatisches" (S 130); [An eine
welsche Sängerin; Beruhigung: der radicale Dichter: Pöbelliteratur];
— Jenny Lind (S. 131); in der **Beilage** zu Dr. L. A. Frankl's
Sonntagsblättern 1844. S. 801: „Euripides an die Berliner": — im
Sonntagsblatt 1842, S. 138: „Schweigen": — im **Wanderer** 184, S 573:
„Licht und Schatten"; — im **Conversationsblatt**, herausg. von Franz
Gräffer 1819, Bd 2, Nr 31: „An eine matte Herbstfliege" 1821. Nr.
26: „Epilog nach den ersten beiden Abtheilungen des dramatischen
Gedichtes: „Das goldene Vliess"; in **Hormayr's Archiv für Geschichte**
u. s. w. (Wien, 4°.) 1824, S. 614: „Fremdenbuchverse Grillparzer's";
— in der **Iris** (Grazer Mode- und Musterblatt) II. Jahrg 1 Mai:
„Joseph von Spaun"; XVI. Jahrg. (1864) Nr. 5: „Epigramme"; —
— im **Salon**, herausgeg. von Johannes Nordmann 1853, 7. Heft:
„Entsagung": — 1854 Jänner, S. 10: „Einfälle" [epigrammatischen
Inhalts]; — in der **Wiener Zeitschrift**, herausgeg von Witthauer
184, S 26: „Clara Wieck und Beethoven" (F-Moll-Sonate): — in den
Lemberger Leseblättern, herausg. von Dr. Moriz Rappaport 1843: „Der
Gegenwart"; — in Braun v. Braunthal's Oesterr. **Musenalmanach** für
1837: „Die Vision" (Gedicht auf die Genesung des Kaisers Franz I.).
in vielen Journalen des In- und Auslandes nachgedruckt; — im **Oestr.**
Volksboten, herausg. von Schrittwiesser 1849, Nr. 277: „Dem
Banus"; — im **Pesther Sonntagsblatt** herausg. von Heinr. Ritter von
Levitschnigg. 1855, S. 650: „Einem Soldaten" von Franz Grillparzer; — in Lembert's **Taschenbuch für Schauspieler u. Schau-**
spielerianen. IV. Jahrg: „Monolog:" — Im **Illustrirten Familienbuch**
des österr. Lloyd. (Triest, 4°) III. Jahrg. S 22: „Appellation an die
Wirklichkeit": — in **Bäuerle's Theaterzeitung.** 1858, Nr. 150: „Grillparzer's Verse. die er unter sein Bildniss von Kriehuber schrieb;" —

in der **Tagespost**. (Grazer polit. Blatt.) 1860, Nr. 88: „Epigramm“;
— in der **Constitutionellen österr. Zeitung**. (Wien, Fol.) 1862,
Nr. 538: „Neujahr 1833. Als der Thronfolger (nachmals Kaiser Ferdinand I.) die Gesundheit wieder erhielt“; — in der **Fata Morgana**.
(Pester belletr. Blatt.) Herausg. von Fräulein Czigler von Eny-Vecse.
1864, Nr. vom 3. Juli: Epigramm; — in der **Neuen freien Presse**.
1868, Nr. 1561: In das Album der Frau Iduna Laube. — 1870,
Nr. 2016: „Gold und Silber“. (Zur silbernen Hochzeit des Bankiers
Todesco); — im **Fremden-Blatt**. Herausg. von Gustav Heine. (Wien,
4°.) 1869, Nr. 7: In das Album von Franz Wallner; — 1869,
Nr. 134: „Das Nationalitäts-Princip.“ (Enthält zwei Epigramme Grillparzer's, welche in der „Süddeutschen Zeitung“ abgedruckt waren);
— in der **Tages-Presse**. (Wiener polit. Blatt.) 1870, Nr. 177 im
Feuilleton: „Vom Dichter der Esther“ von Bimini befinden sich Albumverse für Frau von Binzer (Ernst Ritter) und ein Epigramm
auf Hebbel und Wagner; — in den **Ostländischen Blättern** und im
Figaro, herausgg. von Spiritus Asper dem Jüngeren. 1837, Nr. 101—
104: „Das Kloster von Sendomir. Nach einer als wahr überlieferten
Begebenheit,“ und wieder gedruckt in J. J. C. Pappe's Lesefrüchten (Hamburg 8.) 1827, IV. Bd., 23. und 24. Stück; — in der **Wiener
Zeitung**. 1869, Nr. 11, S. 156: „Eine ästhetische Studie von Franz
Grillparzer,“ mitgetheilt von Em(il) K(uh).

VII. Gedichte an Grillparzer.

Aglaja. Taschenbuch für das Jahr 1820, S. 290: „An Grillparzer“ von
Zedlitz. — **Zeitung** für die elegante Welt. 1820, Nr. 246: „An
Grillparzer“ von Ernst von Houwald. — Ein geistvolles Impromptu
an Grillparzer trug Frz. Witthauer bei der dem Dichter zu
Ehren veranstalteten Feier am 15. Jänner 1844 vor, welches in seiner Biographie im „**Album** östr. Dichter“ 1. Serie, S. 104 mitgetheilt
wird. Bei dieser Gelegenheit feierten auch Bauernfeld, Castelli,
Halm u. A. den Dichter in poetischen Spenden. Die Beschreibung
dieses Dichterfestes aber siehe: in L. A. Frankl's Sonntagsblättern
1844 (III. Jahrg.) S. 65 und Bäuerle's Theaterzeitung (XXXVII.
Jahrg.) 1844, Nr. 18. — **Wanderer** 1844, Nr. 290: „An Grillparzer“
von Fz. Millmann. — Das **Hormayr'sche Archiv** für Geschichte
etc. enthält auch zwei grössere Gedichte an ihn, eines von V. Canaval, das zweite von Joseph Fick. Wenn ich nicht irre, beide im
Jahrg. 1825, S. 167 und 195. — Die **Abendzeitung** von Theodor
Hell brachte bald nach Erscheinen der „Sappho“ um das J. 1818
folgendes Doppeldistichon auf G.:

Ihm, der die **Ahnfrau** schuf mit der **Sappho**, schwellte die Segel
Früh ein günstiges Glück, spendete Ruhm ihm und Gold
„Dass sein Schiff nicht zerschell' ob Fortuna's Launen wer schwört d'rauf?“
Mag's doch; ein treuer Delphin rettet ihn wieder an's Land.

Iris. (Grazer Moden- und Musterblatt.) IV. Jahrg. 1852, Nr. vom 1. Febr.:
„An Grillparzer.“ Von Emilie Door. — **Wiener Theater-Chronik.** 1862,
Nr. 24: „An Franz Grillparzer.“ — **Botschafter.** (Wiener polit. Blatt.)
1863, Nr. 14 im Feuilleton: „An Grillparzer.“ Von Joseph Weilen.
(Ich habe diesem stimmungsvollen Gedichte das Motto entnommen,
das auf dem Umschlagtitel steht.) — Ludw. Aug. Frankl's **Epische und
lyrische Dichtungen** (Wien 1833, Sollinger, 8°) enthalten auch ein
Gedicht an Grillparzer; ein zweites an ihn von demselben Dichter ist
im J. 1849 als fliegendes Blatt bekannt geworden. — Endlich findet sich
in den Gedichten von Gräfin Wilhelmine Wickenburg (geb.
Almásy) ein Gedicht auf Grillparzer. als Antwort auf seinen „Abschied von Gastein“ —

VIII. Porträt, Ansicht seines Geburtshauses, Medaille, Handschrift.

Porträte: 1. Facsimile der Unterschrift: Franz Grillparzer. **Grillhofer** del.
Kotterba sc. [war eine Kunstbeilage des Taschenbuches „Gedenke
mein“ und des „Albums österr. Dichter I. Serie.] — 2. Lithographie
von **Kriehuber** (Wien. Spina, Fol.) Unter dieses aus dem Jahre
1858 stammende Bildniss von Kriehuber's Meisterhand schrieb der
Dichter gleichsam als seinen ästhetischen Wahlspruch folgende Zeilen:

Endlos ist das tolle Treiben,
„Vorwärts, vorwärts,“ schallt's durch's Land,
Ich möcht' aber stehen bleiben,
Da wo Goethe. Schiller stand. —

3. Lithogr. von Aug. **Selb** (Wien. Neumann, kl. Fol.) — 4. Facsimile der
Unterschrift. Stahlstich von **Weger** und **Singer** (Leipzig. Baumgärtner,
4°); erschien auch als Kunstbeilage zur „Allgemeinen (Leipziger) Mo-
denzeitung“, herausg. von Diezmann. Eine Copie dieses Stahlstiches
von Klimt lith. brachten die Prager „Erinnerungen“. — 5. F. **Danhauser**
del. F. Stöber sc. (Wien 1840, 8°.) — 6. Facsimile der Unterschrift: Franz
Grillparzer. A. **Dauthage** 1853. Nach der Natur gez. u. lith. Gedruckt
bei J. Höfelich. Folio. — 7. Auch in München erschien ein, aber sehr
unähnliches Porträt von Grillparzer. — 8. Ein Porträt G.s in Oel
gemalt von Aigner — den Dichter in Lebensgrösse vorstellend — befindet sich im Besitze des Hofschauspielers Ludwig Löwe.
In Holzschnitt ausgeführte Bildnisse Grillparzer's brachten die Blätter:
9. Von Haus zu Haus. (Prag, Kober, 4°.) 1860, in Nr. 20, S. 252 von
A. N. (Aug. Neumann). — Die Mussestunden. (Wien, Waldheim, 4°.)
1869, S. 57 o. A. d. Z. u. X. (schön geschnitten. aber nicht sehr ähnlich). — 11. Waldheim's Illustrirte Zeitung. (Wien, Fol.) 1862, Nr. 5
o. A. d. Z. u. X. — 12. Illustrirte Zeitung. (Leipzig, J. J. Weber,
kl. Fol.) 1868, Nr. 1288, S. 160 von W. (sehr ähnlich).
Ansicht seines Geburtshauses. Eine solche brachte im Holzschnitt ausgeführt die Leipziger Illustrirte Zeitung Nr. 917 vom 26. Jänner 1861.

Das Haus steht in der Stadt auf dem Bauernmarkt Nr. 585 (neu 10)
„zur goldenen Wage".

Ansicht seines Arbeitszimmers. Dasselbe nahm der durch seine Reisen
nach Serbien und deren Beschreibung bekannte, längere Zeit als
Zeichner der Leipziger Illustrirten Zeitung thätige Künstler K a n i t z auf.
Derselbe, Mitglied der Gesellschaft „Die grüne Insel", liess von dem
Original seiner Zeichnung für die Mitglieder der Gesellschaft mehrere
Copien photographisch aufnehmen. In den Handel ist das interessante
Blatt meines Wissens nicht gekommen.

Medaille. Zur Feier des 50. Geburtsfestes des Dichters (1841) wurde ihm zu
Ehren von J. S c h ö n eine Medaille geprägt. Sie zeigt auf dem Avers des
Dichters Büste mit der Umschrift: FRANZ GRILLPARZER GEB. D.
15. JAENNER 1791 IN WIEN. Auf dem Revers eine mit einem Lor-
beerkranze umwundene Harfe mit der Legende: VON SEINEN
VEREHRERN ZUR FEIER DES 15 JAENNER 1841.

Handschrift: Adolph H e n z e in seinem: Die Handschriften der deutschen
Dichter und Dichterinnen . . . (Leipzig 1855, Schlicke, 8°.) S. 52 charak-
terisirt G.s Handschrift folgendermassen: „Flugfähige, kraftvolle
Züge, aber nicht frei von Hof-Reminiscenzen." (!)

IX. Etliche Albumblätter und Xenien von Grillparzer.

In das „R a d e t z k y-Album" schrieb G. folgende Worte:

> Was wundert ihr euch, dass er Wunder thut?
> Er, der ja selber ein Wunder,
> Der im Alter, das sonst hinter'm Ofen ruht,
> Noch heiss von der Jugend Zunder.
> Spart euer Wundern noch manches Jahr
> Bis er, statt achtzig, hundert,
> Bis grau seine Kraft, wie leider sein Haar,
> Jetzt, statt euch zu wundern, bewundert!

— In das „deutsche Stammbuch" von Schlodtmann 1853 schrieb G.:
> „Wollt ihr die Freiheitsglut curiren,
> Die gern so heiss in unsern Dichtern brennt,
> Braucht ihr nicht Mittel lang erst zu probiren,
> Gebt ihnen als Specificum: Talent.
> Wien, 3 Mai 1852.

Hier folgt noch eine kleine Blumenlese von Epigrammen, welche Grillparzer zum Verfasser haben, oder ihm zugeschrieben werden.

Das Werk „Sophie Schröder, wie sie lebt im Gedächtnisse der Zeitgenossen," trägt als Motto auf dem Titelblatte Grillparzer's Verse:

> „Zwei Schröder, Frau und Mann,
> Umgränzen uns'res Drama's höhern Lauf;
> Der Eine stand in Kraft, als es begann,
> Die And're schied, — da hört's wohl, fürcht' ich, auf."

In der „Grazer Iris" standen im Jahre 1864 folgende zwei reizende Xenien:

Publikum.

„Thun sich des Theaters Pforten auf,
Strömt ein der Pöbel in vollem Hauf;
Da ist es denn des Dichters Sache,
Dass er ein Publikum aus ihnen mache."

Rangordnung.

„Was edle Poesie
So hoch vor Allem stellt?
Sie ist der ganze Mensch
Und auch die ganze Welt!"

Das Pester Blatt „Fata Morgana" enthält im Jahre 1864 das Epigramm:

„Uns're Kritiker, die neuen,
Vergleich' ich den Papageien:
Sie haben drei oder vier Worte,
Die wiederholen sie an jedem Orte:
Antik, romantisch und modern
Scheint schon ein Urtheil diesen Herrn,
Und sie vergessen in stolzem Muth,
Die wahren Gattungen: schlecht und gut."

Im Jahre 1865 circulirte nach dem in Oesterreich ausgesprochenen Dualismus in Wien unter dem Publikum eine politische Xenie, für deren Verfasser G. allgemein gehalten wird:

An Oestreich.

„Ihr östreichischen Menschen und Geschöpfe,
Oesterreichs Adler hat wieder zwei Köpfe:
Mir wäre lieber er hätte nur einen,
Wenn's weiter so geht, hat er bald gar keinen."

Dem jetzt in Graz lebenden ehemaligen Schauspieler und Theaterdirector Franz Wallner sandte G. folgendes Albumblatt:

„Wohl dem Künstler, der Bildung hat,
Mit einer Bedingung indessen:
Wenn es kommt zur gestaltenden That,
Muss er seine Bildung vergessen."

Zwei Xenien, in welchen G. den Nationalitätenschwindel geisselt, brachte im Jahre 1869 die Süddeutsche Zeitung. Dem Dichter und Politiker Grillparzer — denn G. ist auch Herrenhausmitglied — steht die Staatsidee über dem Nationalitätsprincip, worin er nicht nur für sein Vaterland Oesterreich, sondern überhaupt für die Welt und Cultur der Menschheit Recht hat. Die erste Xenie lautet:

„Zu Aesop's Zeiten sprachen die Thiere,
Der Menschen Bildung war so die ihre;
Da fiel ihnen mit einem Male ein,
Die Stammesart, sie sollte das Höchste sein.
„Ich will wieder brummen," sagte der Bär,
Zu heulen, war des Wolfes Begehr,
Nur wer bellt, schien dem Hunde brav,
Und blöcken nur wollte das Schaf.
Da wurden allmälig sie wieder Thiere
Und ihre Bildung — der Bestien ihre."

Die andere aber:

„Ein Vorzug ward uns nicht verloren,
Sie nennen's „Nationalität";
Die sagt, ein Mensch sei irgendwo geboren;
- - Was freilich sich von selbst versteht."

Einem dramatischen Dichter (Weilen?) schrieb er für dessen Braut
in's Album:

„Ich preise dich und ohne dich zu kennen,
Das möchte Mancher vorschnell nennen,
Und hätte doch Gott weiss gefehlt,
Ich kenn' doch den, der dich gewählt."

Und der Baronin E. (Ebner) auf die erste Seite eines neuen Albums:

„Am Eingang steh' ich hier,
Doch schon dem Ausgang nah',
Und spreche stumm zu dir,
Die ich noch niemals sah.

❦

Ein Pförtner will ich sein
Für künft'ger Freunde Schaar,
Und lass' ich Jemand ein,
So sei er treu und wahr."

Auf Wagner und Hebbel schrieb G. folgendes Sinngedicht:

„Richard Wagner und Friedrich Hebbel
Tappen beide im romantischen Nebbel,
Das doppelte B gefällt dir nicht?
Ja, mein Freund! der Nebbel ist dicht."

Aus einer Folge epigrammatischer „Einfälle" aus früherer Zeit wählen wir
zum Schlusse nachstehende:

Der Kunstrichter.

„Er steht am Gestade der Poesie
Und schaut wie sie schäumt durch die Riffe,
Er schaut, bis sie ihm schwindelnd zu Kopfe steigt,
Sie stehe, er selbst aber schiffe."

Stammbücher.

„War's nicht genug an Journalisten.
War's nicht genug an Recensenten,
Den Söhnen Kain's mit Mörderhänden?
So musste Gott, den Dichtern zürnend.
Die doch entsprosst aus Abel's Lenden,
Die Sündflut noch der Albums senden.“

Politik.

„Sie seh'n die Flut den Schlamm von Grund auf mischen,
Und jeder zittert selbst vor der Gefahr,
Sie Alle möchten gern das Wasser klar,
Doch vorher noch im Trüben fischen.“

X. Grillparzer-Feste und andere dem Dichter dargebrachte öffentliche Huldigungen.

Das erste Grillparzer-Fest, an welchem Alles was in der Schriftsteller-
und Künstlerwelt Wiens einen Namen hatte, über 90 Mitglieder, sich
betheiligten, fand am 15. Jänner 1844 in der Concordia, einem
Schriftsteller- und Künstlerverein in Wien, über Anregung des Dr.
Lud. Aug. Frankl statt. Die Feier begann mit der Enthüllung des von
Waldmüller gemalten Dichterbildes und einem von Castelli gesprochenen Prolog Friedrich Kaiser's, worauf nun Declamations- und Lie-
dervorträge, Toaste, Vorzeigungen von Zeichnungen u. s. w. folgten.
Eine ausführliche Beschreibung der Feier brachte die Bäuerle'sche
Theaterzeitung, 1844, Nr. 16: „Ein Dichterfest,“ und in neuester Zeit
eine Erinnerung daran das von Pappenheim herausgegebene Oesterreichische Handels-Journal 1870. Nr. 3 im Feuilleton.

Die nächste Feier dem Dichter zu Ehren wurde 16 Jahre später anlässlich seines 70. Geburtsfestes, am 15. Jänner 1860, von der Künstlergesellschaft „die grüne Insel“ in der sogenannten Lothringerburg
(einer ebenerdigen Halle im Hause zum Lothringer auf dem Kohlmarkt)
begangen. Der siebzigjährige Dichter, seit diesem Tage Ehrenmit-
glied der Gesellschaft, wohnte dem Feste in Person bei. Auch da
wechselten Ansprachen, Vorträge, Toaste, Gesänge in sinnigster Weise
untereinander ab. Heinrich Laube hielt an die Versammlung eine
begeisterte Ansprache, in welcher er in wenigen aber kräftigen Worten
das Bild des edlen Dichtergreises zeichnete. Eine Beschreibung dieses
Festes und seiner Einzelheiten brachte die „Schlesische Zeitung“ in
Breslau, 1860, Nr. 31, im Feuilleton: „Grillparzer's 70. Geburtsfest“ und die „ostdeutsche Post“ 1860. Nr. 17. Im folgenden Jahre
überreichte ihm die Gesellschaft durch eine Deputation, zu der
auch Schreiber dieses gehörte, eine Zeichnung seines Arbeitszimmers,
welche Maler Kanitz ausgeführt hatte. — Von nun an wurde der
Grillparzertag (15. Jänner) jährlich durch irgend eine geistige

Manifestation — gewöhnlich durch Feuilletonartikel in den grossen
Journalen Wiens. darunter einige mit begeisterter Wärme von Emil
Kuh geschriebene. welche eine Würdigung des Dichters oder sonst
auf ihn bezügliche Darstellungen enthielten — festlich begangen.
Im Jahre 1864 verlieh die Commune Wien dem Dichter das Ehrenbürgerrecht. Das prachtvoll ausgestattete Diplom, von Altenburger kalli-
graphirt. von Groner gebunden, wurde dem Dichter von einer Depu-
tation der Commune überreicht. welche Bürgermeister Zelinka vor-
führte. (Wiener Zeitung 1864 des II. S. 163. — Presse 1864 Nr. 15
Abdbl.) — Auch überreichten ihm im nämlichen Jahre der akademische
Leseverein, der akademische Gesangverein und der Studentenkranken-
verein Wiens eine Huldigungsadresse (Fremdenblatt 1864 Nr. 14.)
— Im J. 1865 brachte die Stadtgemeinde Baden dem Dichter. der seit
Jahren Baden zu seiner Sommerfrische gewählt, ihre Huldigung durch
Verleihung des Ehrenbürgerthums dar. (Grazer Zeitung 1865 Nr. 252.)
— Im J. 1866 wiederholte die akademische Jugend Wiens ihre Hul-
digung und der akademische Leseverein überreichte dem Dichter eine
Beglückwünschungs-Adresse (Presse 1866 Loc.-Anz. Nr. 13 im Fremdenblatt 1866 Nr. 13) und eine solche brachte auch die Lesehalle der
deutschen Studenten in Prag dem Dichter dar. (Fremdenblatt 1866 Nr. 25.)
Gross sind die Vorbereitungen zur Feier des 80. Geburtsfestes am 15. Jan-
1871, die, soweit dieselben bisher in das Publikum gedrungen. in fol-
gendem bestehen sollen: Ein Frauen-Comité, das sich ausschliesslich
zu diesem Zwecke in der Residenz gebildet, hatte ursprünglich die
Absicht, dem Dichter ein Pracht-Album mit Darstellungen verschie-
dener Scenen aus seinen Werken, von der Künstlerhand Schwind's
ausgeführt, zu überreichen. Wegen anhaltenden Leidens des Künstlers
musste jedoch dieser Gedanke fallen gelassen werden. Solches beschloss
das Comité einen durch Sammlung unter den Frauen Wiens aufzu-
bringenden Betrag von mindestens zehntausend Gulden zu einer Grill-
parzer-Stiftung zu verwenden. Die Interessen dieses Capitals sollen
nach dem Muster der König Wilhelm-Stiftung in Berlin. von welcher
bereits drei Dichterwerke (von Geibel, Lindner und Hebbel) betheilt
wurden. jenem Poeten zuerkannt werden. der innerhalb drei Jahren
das beste Drama geschrieben. Jedoch wird für alle näheren Bestim-
mungen dieser Stiftung Grillparzer's Wunsch massgebend sein.
Ferner lässt das Comité dem Dichter zu Ehren eine goldene Medaille
mit dem Bildniss desselben prägen. — Die Schriftstellergesellschaft
Concordia lässt eine Büste des Dichters in Ueberlebensgrösse und in
Bronze von Leopold Schrödel, einem Wiener und Schüler Rietschel's,
anfertigen, deren Bestimmung ist, im Foyer des künftigen Hofschauspiel-
hauses der Residenz aufgestellt zu werden. Die feierliche Aufstel-
lung des Modells findet am 14. Januar 1871 statt.
Die Künstlergesellschaft „Grüne Insel.. feiert den dem Geburtstage des
Dichters vorangehenden Dienstagabend durch eine Festrede. welche
den Lebensgang und das Schaffen des Dichters darstellt, mit deren Ab-

fassung der Verfasser dieser Schrift, die eben als Festschrift anzusehen, betraut ist, und überreicht dem Dichter, als Ehrenritter der Gesellschaft, eine kunstvoll ausgeführte Adresse.

Der Schillerverein „Glocke" veranstaltet am 14. Januar eine Akademie, deren Vortragsstücke sind: ein Prolog von Weilen, Lieder mit Text von Grillparzer, Musik von Schubert, Hoven, Declamationen Grillparzer'scher Gedichte, eine Festrede von Ludwig Foglar u. s. w.

In den Theatern wird am Vorabende des Festtages gegeben, in der Burg „Sappho" mit einer eigens für diese Feier gedichteten Scene von Friedrich Halm; im Theater an der Wien „die Ahnfrau" mit einem Prolog von Ludwig August Frankl.

Ausserdem Huldigungsadressen, Beglückwünschungen u. s. w. der verschiedenen Vereine.

Auch in anderen Städten der Monarchie werden Huldigungen für den edlen Dichter vorbereitet. Die Universität Innsbruck verleiht ihm das Ehrendoctor-Diplom, die Prager Schriftsteller gründen Grillparzer zu Ehren eine Concordia nach dem Muster der Gesellschaft, die in Wien unter diesem Namen besteht. Seit einigen Tagen bilden die Vorbereitungen zur Grillparzerfeier eine stehende Rubrik in den Wiener Journalen.

Druck und Papier von I. Sommer & Comp. in Wien.